1인 기업을 한다는 것

HITORISHACHO NO KASEGIKATA · SHIGOTO NO YARIKATA
© KATSUHIKO ICHIEN 2019
Originally published in Japan in 2019 by ASUKA PUBLISHING INC., TOKYO,
Korean translation rights arranged with ASUKA PUBLISHING INC., TOKYO,
through TOHAN CORPORATION, TOKYO, and EntersKorea Co., Ltd., SEOUL.

시간 자유롭고,
고정비 부담 없고,
직원과의 갈등 없이 **돈 버는 삶**

1인

이치엔 가쓰히코 지음
박재영 옮김

기업을
한다는 것

HOW TO RUN A ONE-PERSON BUSINESS

센시오

내가 매출 1,600억짜리 회사를
포기하고 1인 기업을 하는 이유

2008년, 나는 경영하고 있던 연 매출액 150억 엔(약 1,600억 원), 직원 300명 규모의 회사를 정리하기로 했다. 힘들게 성장시킨 기업을 매각·양도하고 1인 기업 사장의 길을 걷기로 한 것이다.

20대 초반부터 음식업, 복지사업, IT 사업, 제조업, 도·소매업, 시스템 개발업 등의 회사를 창업해 한 해 총매출이 수천만 엔(1억 원)인 회사부터 150억 엔이 넘는 회사까지 정말 직종도, 규모도 다양한 기업을 경영해왔지만, 사실 돌이켜보면 경영자로서 내 길은 늘 실패의 연속이었다.

그래서 사실 이 책은 나의 실패를 근거로 해서 쓰였다고 해도 과언이 아니다. 딱히 실패를 과시할 필요는 없지만 나는 예전에 누구에게도 뒤지지 않을 정도로 많은 실패를 경험했다. 돈, 사람, 영업, 판촉에서 이루 헤아릴 수 없을 정도로 많은 실패를 거듭해왔지만, 그중에서도 가장 큰 실패는 내 적성을 몰랐기 때문에 생긴 일이었다.

똑똑하게 사업을 하는 사람들은 보통 작게 시작해 크게 이루려고 한다. 말 그대로 '시작은 미약하나 그 끝은 창대하리라'라는 말을 실천하고자 한다. 그래서 1인 기업으로 시작하거나 꼭 필요한 소수의 인원으로 시작하더라도 매출과 사세가 안정되면 직원을 늘리고 사무실도 더 큰 곳으로 옮긴다. 안정된 매출 외에 직원 수와 번듯한 사옥은 성공의 징표이기도 하다.

그러나 여기 1인 기업으로 시작해서 큰돈을 벌고 있으면서도 10년 넘게 1인 기업을 고집하는 사장이 있다. 그는 창업 후 1인 기업에 최적화된 사업 아이템을 발굴하고 업무 프로세스를 만들어 만족할 만한 성과를 거두고 있으며, 사람에 얽매이지 않고 고정비에 대한 부담 없이 시간까지 자유로운 삶을 살아가고 있다. 창업 단계에서 비용을 최소화하기 위해 어쩔 수 없이 선택한 것이 아니라 처음부터 1인 기업을 목표로 사업을 시작해 훌륭하게 키워가고 있는 것이다.

사실 이건 바로 내 이야기다. 나는 왜 1인 기업을 고집하며, 어떻게 1인 기업으로 웬만한 중소기업보다 더 큰 성과를 거두고 있을까? 이제부터 그 이야기를 해보려고 한다.

매우 평범한 월급쟁이 집안에서 자란 나는 어려서부터 사장이 되겠다는 야망을 품어왔다. 그리고 20대가 되자마자 비즈니스의 세계로 뛰어들었다. 아득바득 열심히 일하기도 했고, 나름 행운이 따르기도 했다. 그 힘을 빌려 온갖 종류의 회사를 창업해 경영했다. 그리고 악착같이 일한 끝에 오래전부터 꿈꿔왔던 사장실, 회사용 차량, 고액의 연봉 등 모든 것을 손에 넣었다.

그런데 그렇게 사업이 정점을 찍었을 때 비로소 조직을 이끄는 게 나와는 맞지 않는다는 사실을 깨달았다. '나'라는 사람이 조직의 수장다운 행동이나 조직 내에서의 역학 관계를 제어하는 능력, 로비 활동이나 사내 정치, 이런 것들에 너무도 어울리지 않는다는 것을 깨달은 것이다.

조직이 커지면 매출도 늘려야 했기 때문에 그만큼 신경 쓸 일이 많았고 사람에 관한 일과 문제 또한 늘어났다. 기업에서 직원을 채용한다는 것은 채용 그 자체로 끝나는 것이 아니다. 채용을 했으면 업무 분장 등 적재적소에 인재를 배치해야 하고, 인사 평가는 물론, 직원들의 불만, 갑작스러운 퇴사에도 대응해야 한다.

시간이 흐를수록 규모가 커진 조직을 통제하지 못해 고뇌하는

1인 기업을 한다는 것

날이 많아졌다. 그러는 동안 직원들의 횡령 사건이 연이어 터졌고, 파벌 싸움이 일어났으며, 퇴직자마저 늘어났다. 급기야 정부 기관에서 조사를 받기도 했다.

더 이상 이성적으로 판단할 수가 없었다. 점점 술에 의존하는 날이 많아졌고, 그로 인해 회사의 경영 상태는 점점 악화돼 갔으며, 가정 역시 제대로 돌보지 못했다. 결국 나는 회사를 매각하기로 결심했고, 당시의 아내와도 이혼을 했다. 그토록 꿈꿔왔던 돈과 명예, 지위를 모두 손에 넣었지만 나에게는 더 이상 아무것도 남아 있지 않았다.

그 후 1년 정도 공백기를 가졌다. 그때 조직을 꾸리고 거느리며 사업을 점점 키워 가는 경영 스타일이 내게는 전혀 맞지 않는다는 사실을 겨우 깨달았다. 그래서 그 누구도 고용하지 않아도 되는 '1인 기업'을 창업하기로 결심했다. 조직이나 규모를 확대해 가는 회사의 사장으로서가 아니라 혼자 스스럼없이 하고 싶은 일을 하면서 사는 1인 기업 사장으로서의 삶으로 과감하게 방향을 틀었다.

그런 결정을 하기가 쉽지만은 않았다. 책임져야 할 회사와 조직, 고객이 있었고, 더구나 회사는 안정적인 매출과 이익을 내고 있었다. 하지만 지나온 과거처럼 계속 살 수는 없었다. 앞으로의 인생은 내 적성에 맞게 하고 싶은 일을 하면서 살고 싶다는 간절

한 마음에 결국 그동안 어렵게 꾸려온 회사의 경영에서 물러나기로 결심했다. 지금까지 경험한 수많은 실패를 성장의 발판으로 삼아 조직에 얽매이지 않는 세계에서 하고 싶은 일을 하면서 살기로 한 것이다. 이후 이 결심을 실현하기 위해 열심히 달려왔다. 그렇게 해서 지금은 두 개의 1인 기업을 설립해 꾸려가고 있다.

이 책은 나처럼 '스스로 책임지고 자신의 생각대로 회사를 경영하고 싶은' 1인 기업 사장을 위한 책이다. 이 책에 등장하는 모든 것은 내 경험을 근거로 쓰였다. 실패를 포함한 나의 경험이 독자들에게는 반면교사의 기회가 되길 바란다. '이런 일을 하면 실패한다'는 것을 알 수 있을 뿐 아니라 1인 기업 사장으로서 무슨 일을 해야 하며, 어떻게 해야 돈을 벌 수 있는지도 알 수 있을 것이다. 또 이를 통해 자신의 미래를 전망할 수도 있을 것이다.

지금은 IT의 발달, SNS를 통한 소통, 거기에 맞는 소비 패턴이 자리 잡아가고 있다. 또 한편으로는 프리랜서, 프리 에이전트의 증가로 노동 시장이 빠르게 재편돼 가고 있다. 규모, 외형적인 것들에 얽매이지 않고 홀가분하게 자신의 핵심 역량을 핵심 가치에 투입해 최대의 성과를 내고자 하는 사람들이 늘어나고 있는 것이다. 그래서 고정비 부담 없고, 시간을 자유롭게 쓸 수 있으며, 직원과의 갈등 없이 돈 버는 1인 기업은 지금과 같은 스마

트워크 시대에 최적화된 기업 형태일 수 있다.

이 책은 현재 1인 기업을 이끌며 고군분투하고 있는 사장들에게는 경영 실무에 관한 기술과 지혜를 제공하고, 창업을 꿈꾸는 사람들에게는 자금이나 인력에 대한 부담감에서 벗어나 자신에게 맞는 기업 형태를 찾고 시행착오 없이 새 출발할 수 있게 도울 것이다. 그뿐 아니라 이미 조직을 이끌고 있는 경영자에게는 경영 환경을 개선하고 군더더기 없이 조직을 이끄는 방법을 알려줄 것이다.

오늘도 삶의 현장에서 고군분투하고 있는 모든 비즈니스맨들에게 나의 경험이 도움이 되길 바란다.

3장 이익을 확실하게 내는 '비즈니스모델' 대공개

4장 1인 기업만 할 수 있다. 매출 쑥쑥! 영업 전략

5장 이익을 내는 1인 기업 사장의 시간 관리 비법 대방출

6장 IT 시대야말로 1인 기업이 홍보하는 데 최고의 조건이다

7장 가성비 좋은 1인 기업 사장으로 산다는 것

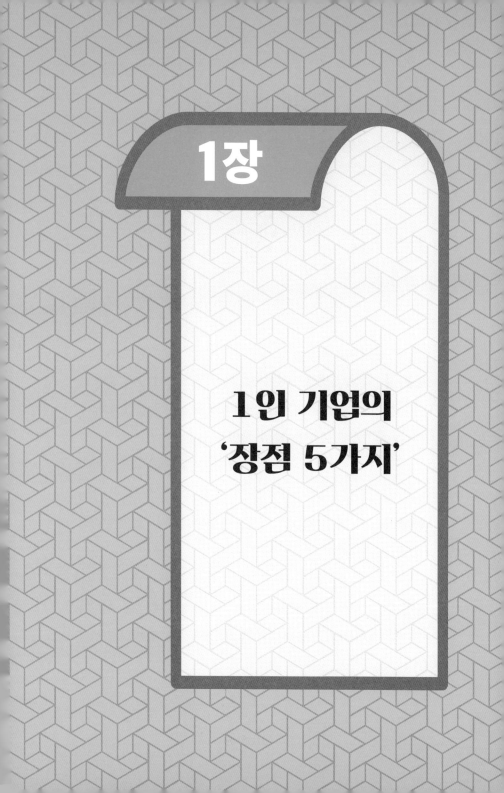

1장

1인 기업의
'장점 5가지'

확실히 이익을 내는
1인 기업 사장의 하루

08:00 기상. 가볍게 아침식사를 마친 후 씻고 컴퓨터 앞에 앉아 스카이프를 이용해 온라인 영어회화 수업을 50분간 듣는다. 영어회화 수업으로 잠을 깬 후 메일을 확인하고 곧바로 답장을 보낸다.

09:30 화상채팅 애플리케이션을 이용해 클라이언트와 원격으로 미팅을 한다.

10:20 미팅이 끝나면 비서 대행 서비스 회사에서 온 메시지 두 건을 확인한다. 그중 하나는 '홈페이지를 보고 문의한 고객이

있으니 즉시 연락하길 바란다'는 메시지다. 메시지에 첨부된 연락처로 전화를 걸어 고객으로부터 문의사항을 좀 더 자세하게 확인한 후 필요한 자료를 메일로 전송한다.

`11:50` 점심은 노무사인 친구와 집 근처 식당에서 먹는다. 일전에 의뢰한 사회보험 관련 서류를 전달받은 후 일 외에도 사적인 대화를 주고받으며 기분전환을 한다.

`13:30` 친구와 헤어진 후 책방에 들러서 시간을 보낸다. 딱히 찾는 책이 있는 것은 아닌지라 어슬렁거리며 책을 보다가 관심이 가는 책을 발견하곤 구입해 집 근처에 있는 나만의 사무실로 향한다.

`15:00` 홈페이지 제작을 의뢰한 회사의 사장과 휴대전화로 새로운 서비스 페이지 제작에 대해 논의한다.

`15:50` 홈페이지에 사용할 프로필 사진 촬영 건으로 사진작가에게 연락해 촬영 스케줄을 잡고, 홈페이지에 올릴 원고를 작성한다.

1인 기업의 '장점 5가지'

`17:00` 원고 작성을 마무리하고 메일을 확인한다. 비서 대행 서비스 회사에서 새로운 문의가 들어와 있다는 메일이 와 있다. 고객에게 바로 연락한 후 견적서를 작성해 메일로 보낸다.

`19:00` 회식에 참석한다. 상대는 자사 서비스의 영업 대행을 맡고 있는 회사의 사장이다. 최근 몇 주 동안의 영업 진척 현황을 보고받고 앞으로의 영업 전략에 대해 의논하며 저녁을 먹는다. 업무 이야기가 마무리될 때쯤 합류한 내 친구와 셋이서 함께 술자리를 즐긴다. 영업 대행사 사장도 이미 알고 있는 친구다.

　이것이 직원 한 명 고용하지 않고 전화조차 없는 세 평짜리 사무실이지만 확실히 이익을 내고 있는 '1인 기업 사장'으로서의 나의 일상이다.
　나는 어떻게 이런 시스템을 갖출 수 있었을까? 그리고 어떻게 이익을 창출하고 있을까? 이제부터 1인 기업을 한다는 것은 어떤 것이며, 1인 기업의 사장으로서 효율적으로 일하는 방법, 수익을 창출하는 방법에 대해 얘기해보겠다.

1인 기업 사장
vs. 프리랜서의 차이

우선 한 가지 짚고 넘어가야 할 것이 있는데, 1인 기업 사장과 프리랜서의 차이에 대해서다. 1인 기업 사장은 프리랜서와는 다르다. 어떻게 다를까?

이 책에서 말하는 프리랜서란 '자신의 기능을 이용해서 능력을 매출로 바꾸는 개인사업자'를 뜻한다. 한편 1인 기업은 '자신의 기능을 상품화해서 그 상품과 서비스를 판매하는 비즈니스모델을 구축한 뒤 매출을 올리는 법인法人'을 말한다. 쉽게 말해 프리랜서는 '플레이어'고, 1인 기업 사장은 '프로듀서'라고 할 수 있다(어떤 이는 1인 기업 사장을 '프리랜서의 프로듀서'라고 하기도 한다).

뭐, 프리랜서든 1인 기업 사장이든 업무 내용에는 별 차이가 없고, 법인인가 아닌가가 가장 큰 차이라고 할 수 있다.

개인사업자에서 법인으로 변경하는 기준은 세금이나 신용 등 여러 가지가 있는데, 무엇보다 매출을 확실하게 올릴 수 있느냐, 즉 단순히 의뢰를 받아서 일하는 것이 아니라 비즈니스모델을 가동시킬 수 있느냐가 중요하다.

세금 측면에서의 장단점도 서로 다르지만, 이 부분에 대한 자세한 내용은 세무사 등 전문가에게 문의하길 권한다.

1인 기업의 장점 1
: 시간의 자유란 이런 것

예전부터 나는 '경영자가 되고 싶어! 아니, 반드시 될 거야!'라고 결심하고 그렇게 되기 위해 무척 애를 썼는데, 가장 큰 이유는 어려서부터 사람들로 북적이는 장소를 거북해한 성격 탓이었다. 날마다 혼잡한 만원 전철을 타고 출퇴근해야 하는 것이 죽도록 싫었기 때문에 어떻게든 그 상황을 피하고 싶었다. 그때 경영자가 되면 내 시간을 직접 결정할 수 있을 것 같았고, 그래서 직장인이 아니라 직접 회사를 경영하는 사람이 되겠다고 결심했었다.

하지만 노력 끝에 창업을 하고 조직을 꾸렸지만 회의와 결재 등의 업무 때문에 결국 직원들이 회사에 나오는 시간에 맞춰서 출근해야 했다. 그러나 어떻게 해서든 만원 전철만은 타고 싶지 않았기 때문에 궁리 끝에 새벽 시간에 한산한 전철을 타거나 자가용을 이용해 출근하기도 했고, 회사 근처로 이사를 하기도 했다. 그러나 결국 시간의 자유와는 거리가 먼 생활을 해야만 했다.

그러나 1인 기업 사장은 다르다. 조직이 없으니 누군가의 시간에 맞춰서 출근할 필요가 없고, 조직의 사정이 아니라 나 자신의 사정과 업무 일정에 따라 일할 수 있으므로 시간을 한층 자유롭게 쓸 수가 있다. 오전에는 집이나 출장지의 호텔에서 업무를 보고, 밖에서 해야 할 일은 오후에 외출 스케줄을 잡아 한꺼번에 처리하기 때문에 더 이상 만원 전철을 타지 않아도 되게 되었다.

시간의 자유는 만원 전철에서 탈출하는 데서 그치지 않는다. 어딜 가도 사람들로 붐비는 주말에 오히려 부지런히 일하고 평일에 휴가를 내 한산한 번화가에서 쇼핑을 하거나 식사를 한다. 요금이 껑충 뛰는 성수기나 연휴를 피해 저렴하게 여행을 떠날 수도 있다.

이렇듯 누군가의 시간에 맞춰 일하는 데서 벗어나면 손에 꼽을 수 없을 정도로 많은 장점을 누릴 수 있다. 단, 조직이라는 강제력이 없어지는 탓에 자기 관리를 하기가 어려울 수 있다는 단점이 있기는 하다.

내 나름대로 생각해낸 1인 기업 사장의 시간 관리법에 대해서는 뒤에서 자세히 소개하겠다.

1인 기업을 한다는 것

1인 기업의 장점 2
: 업무량도 내 계획에 따라 내 마음대로

창업가라고 하면 대체로 조금이라도 더 많은 매출을 올려 매년 두 배 세 배 성장해 가는 걸 꿈꾸고, 주변에 계속 눈부시게 빛나는 사람으로 비춰지길 바라지 않을까 싶다. 나도 처음 창업을 했던 20대 때에는 그런 생각으로 매출을 올리기 위해 매일 닥치는 대로 일을 했다. '어쨌거나 성장해야 해!'라는 생각에 뭔가에 홀린 듯 열심히 달렸었다.

운 좋게 시대의 흐름과도 잘 맞아서 회사는 순조롭게 성장했다. 하지만 1년 만에 인건비가 열 배 이상 증가했고, 사무실과 매장을 늘린 탓에 임차료도 다섯 배 이상 증가했다.

이 인건비와 임차료로 인한 압박감은 상당했다. 순조롭게 성장할 때는 문제가 되지 않았지만 매출이 떨어지거나 제자리걸음일 때는 그야말로 공포로 다가왔다. 매출이 떨어지면 고정비가 이익을 갉아먹기 때문에 잠을 설치는 날들도 꽤 많았다.

그런데 그럴 때 매출을 늘리려고 하면 할수록 아르바이트 인건비, 직원들의 잔업 수당, 판촉비와 광열비 등이 더 늘어나기 때문에 생각처럼 이익이 회복되지 않는다. 악순환에 빠지고 마는 것이다.

그로부터 십 수 년이 지난 지금은 최소한의 고정비만으로 일하는 방식으로 바꿔 악순환에서 완전히 벗어났다. 지금은 고정비를 최소한으로 억제하고 있는데, 사장으로서의 나의 보수, 사무실 임차료 등을 포함한 고정비를 웃도는 이익이 발생하면 무리해서 일을 더 늘리지 않는다.

또 반대의 상황에서도 마찬가지다. 매출이 저조할 때는 (가족에게는 미안한 말이지만) 24시간, 365일 체제로 열심히 일한다. 경영자는 잔업을 하고 휴일에 일을 해도 별도의 수당이 적용되지 않기 때문이기도 하고, 이런 룰과 상관없이 나 스스로 이해될 때까지 마음껏 일할 수 있기 때문이기도 하다. 이는 1인 기업이 누릴 수 있는 또 다른 장점이다.

1인 기업의 장점 3
: 거래처, 업무 파트너도 내가 원하는 대로

'매출이란 무언가를 참거나 희생해서 만드는 것'이라고 생각하는 사람이 많은 듯하다. 매출을 올리기 위해 때로는 원가나 다름없는 가격을 제시한 거래에 응하기도 하고, 새벽이고 한밤중이고 가리지 않고 미팅이나 상담을 해주러 가는 사람도 있다. 어떤 경우에는 골프나 낚시를 함께하기도 하고, 밤마다 접대로 바쁜 나날을 보내기도 한다.

이런 상황을 힘들다고 여기지 않는 사람이라면 아무 상관이 없지만, 대부분은 '매출을 위해 참자'라고 생각하면서 일할 것이다. 1인 기업은 이런 상황에서 가장 빨리 벗어날 수 있는 방법 중 하나다.

반복해서 말하지만 1인 기업은 직원을 두지 않고 필요한 최소한의 설비만으로 경영하기 때문에 고정비와 자신의 보수, 장래를 위한 약간의 저축만 확보하면 된다.

내 경우는 처음 1인 기업을 창업할 당시 전화 대행 서비스가 포함된 비즈니스 센터 비용 2만 엔(약 21만 원), 사회보험을 포함한 나의 급여 30만 엔(약 320만 원), 세무사 고문료 1만 엔(약 11만 원)이 월 고정비로 나갔다. 집에서 창업했기 때문에 사무실 비용이 따로 나가지 않았고, 봉투나 명함 등의 소모품비를 포함한다 하더라도 월 매출총이익이 40만 엔(약 430만 원) 정도면 되는 회사였다.

2장에서 자세히 설명하겠지만 매출총이익률이 높고 나름대로 시장성이 확실한 상품을 개발한 경우, 매출총이익 40만 엔을 올리기는 그다지 어려운 일이 아니다.

나의 첫 번째 1인 기업은 창업한 지 4개월 만에 월 5만 엔(약 53만 원)의 컨설팅 서비스를 아홉 개 회사로부터 의뢰받았다. 열심히 노력한 결과 3개월 후부터는 컨설팅과 강연회로 월 80만 엔(약 850만 원) 이상의 매출총이익을 창출했다.

비즈니스도 인간과 인간 사이에서 벌어지는 일이기에 어떤 경우는 가치관이 일치하고, 어떤 경우는 불일치하기 마련이다. 나는 '돈을 지급하는 쪽이 갑甲'이라고 생각하는 사람과는 안타깝게도 가치관이 맞지 않는다. 그런데 다행히도 매달 고정비에 해당하는 매출을 올리는 덕에 가치관이 맞지 않는 사람과는 거래를 하지 않아도 되는 상황이 되었다.

1인 기업의 실적은 사장의 정신 상태로 결정된다. 이렇게 기분 좋게 일할 수 있게 된 이후 나는 고맙게도 같은 가치관을 지닌 고객들에게 둘러싸여 비즈니스를 즐기면서 할 수 있게 되었다.

1인 기업의 장점 4
: 무엇을 팔지도 내가 결정한다

흔히 '무엇이든 할 수 있다'는 말은 '아무것도 할 수 없다'는 말과 같다고들 한다. 이 말을 비즈니스에 적용해 보면 '뭔가 한 가지를 특화해야 비즈니스가 성립한다'는 의미이기도 한데, 이 말은 반은 맞고 반은 틀렸다.

사업이 성립하기 위해서는 무엇보다 당신이 어떤 분야의 전문가인지 고객들에게 이해시키는 것이 중요하다. 만약 활동 영역을 넓히고자 한다면 메인 분야에서 일정한 고객 수를 확보한 후에 당신이 할 수 있는 다른 일에 도전하길 바란다.

나 같은 경우는 지금도 그렇지만 처음에는 단골 창출 전문가로 컨설팅 활동을 시작했다. 처음 몇 년 동안은 그 일을 전업으로 했는데, 어느 날 한 고객에게서 사원 연수를 해달라는 요청이 들어왔다. 기본적으로 컨설팅은 경영자에게 제공하는 서비스이기 때문에 경영자만을 대상으로 사업을 해온 나는 그 전에는 사원 연수를 할 수 있을 거라고 생각해 본 적이 없었다. 전문 분야가 아니라고 생각해 고심하다가 고객의 간곡한 부탁에 직원 연수 커리큘럼을 마련해 서비스를 제공했다.

또 어떤 고객과는 단골 고객을 늘리기 위해 회사의 스토리를 만드는 프로젝트를 진행했는데, 그 회사에서 그와 관련된 책자나 홈페이지를 새롭게 바꾸고 싶다며 제작까지 부탁해도 되는지 문의해 왔다. 책자와 홈페이지 제작을 직접 할 수 없었던 상황이라 그 일을 맡아줄 파트너를 모집하고 나는 디렉터가 되어 제작을 총괄했다. 그 결과 나는 컨설턴트이자 세미나 및 연수 강사, 제작업자라는 직함을 보유하게 되었다. 또 세미나·강연 강사가 되고 싶어 하는 사람들을 위한 서비스를 제공하는 또 하나의 1인 기업을 창업해 경영하기에 이르렀다.

이렇게 1인 기업 두 곳을 경영하는 내게 출판사에서 연락을 해 왔다. 그렇게 출간하게 된 책이 바로 이 책이다. 일을 아주 좋아하는 나는 앞으로도 1인 기업에 대해 관심 있는 이들을 위해 여러 서비스를 충실히 제공해 나갈 것이다.

자신이 직접 모든 것을 하고 말고를 떠나서 1인 기업은 사장

자신의 기지로 이익을 올릴 수 있다. 그러므로 자신이 할 수 있는 일과 하고 싶은 일 모두에 도전해 보길 바란다. 1인 기업은 그 가능성이 얼마든지 열려 있기 때문이다.

1인 기업의 장점 5
: 그리고 최고의 장점은 바로 이것

나는 오사카에서 태어나 줄곧 그곳에서 살았지만 2013년 이후부터는 고향을 떠나와 삿포로 시에서 살고 있다. 내가 첫 번째로 창업한 1인 기업은 지금도 본사가 오사카에 있는데, 일을 하는데는 아무런 문제가 없다. 굳이 문제를 들자면 우편물이 본사가 있는 오사카로 간다는 정도일까?

앞에서 말한 제작 업무는 힘에 부쳤던 탓에 얼마 지나지 않아 제작 사업에서 철수했다. 또 투자자와 공동으로 음식점을 경영하고 있었는데, 그 음식점 경영에서도 완전히 손을 뗐다.

이렇게 한결 홀가분해진 덕에 기존의 컨설팅 고객들에게 좀 더 집중할 수 있는 시간을 확보하며 삿포로로 이사했다. 그리고 삿포로에서 또 하나의 새로운 1인 기업을 설립해 지금에 이르고 있다.

그런데 만약 내가 조직을 보유하고 있었다면 이렇게 하기가 어려웠을 것이다. 아무리 우수한 인재가 많이 모인 조직이라도 최고 의사 결정권자인 사장이 계속 얼굴을 드러내지 않으면 틈이 생기게 된다. 직원들을 다 데리고 본사를 이전한다는 것도 사실상 어려운 일이며, 가능하다고 해도 막대한 비용이 든다.

그 힘든 것을 1인 기업 사장은 할 수 있다. 이런 가볍고 경쾌한 행보야말로 1인 기업이 누릴 수 있는 가장 큰 자유가 아닐까 싶다!

같은 1인 기업이지만
강점은 각양각색

하지만 1인 기업을 창업하는 사람이라고 해서 모두 나처럼 사람이나 조직을 거북해하는 사람만 있는 것은 아닐 것이다. 매출과 이익을 창출하는 구조를 만드는 데 전념하기 위해 1인 기업을 선택하는 경우도 있을 것이다. 1인 기업을 창업해 초기에 성공적으로 매출을 내고 있는 사장 중 사람과 조직을 통솔하며 비즈니스를 키우는 능력이 있는 사람은 비즈니스가 성장해감에 따라 1인 기업에서 벗어나는 조직을 키우는 전략을 취하는 것도 좋은 방법일 것이다.

또 1인 기업으로 비즈니스를 계속 이어가더라도 자신이 매출과 이익 분야에 특화된 사람인지, 사람과 조직 분야에 특화된 사람인지를 파악하면 비즈니스의 방향을 결정하기가 훨씬 수월해진다.

확실히 사람과 조직을 잘 다루는 데는 자신이 없는 사람인지라 내가 직접 다루는 비즈니스는 전부 매출과 이익에 집중하는 사업뿐이다. 고객에게 직접 컨설팅을 제공하는 게 적성에 맞는 것이다. 이때 만약 지금보다 사업을 좀 더 확장하고 싶은 생각이 들면 그 분야에 대해 잘 아는 파트너를 찾아 판매를 의뢰하는 방식으로 비즈니스를 한다.

한편, 사람과 조직 분야에 자신이 있는 사장이라면 커뮤니티를 주관하는 위치에서 비즈니스를 능숙하게 발전시킬 수 있을 것이다. 그들은 자신이 직접 상품이나 서비스를 제공하는 것이 아니라 커뮤니티를 형성한 후 판매의 장을 제공하는 방식으로 비즈니스를 한다.

커뮤니티를 활성화하고 싶다면 반드시 사람과 조직을 키우는 데 적성이 맞아야 한다. 커뮤니티의 활성 및 확대와 함께 1인 기업에서 조직형 기업으로 변신하거나 조직에서 커뮤니티를 직접 운영하는 경우도 많다.

그 밖에 최고의 조력자를 고용해 회사를 조직화한 후 비즈니스 파트너와 함께 합병회사를 만드는 등 다양한 형태로 발전시킬 수 있다.

어쨌든 이렇게 자신에게 맞는 비즈니스모델을 찾기 위해서는 무엇보다 자신의 특성, 즉 적성을 이해하는 것이 가장 중요하다고 할 수 있다.

2장

고정비!
고정비!
고정비!
고정비 없는
1인 기업

비즈니스에는
초보자도 베테랑도 없다

창업을 하려는 사람이라면 한번쯤은 앞으로 사업이 성장해 가는 모습을 그려 보면서 가슴 설레고 기대감에 부풀었던 경험이 있을 것이다. 나 역시 새로운 비즈니스를 시작하는 순간 가장 불타오르곤 한다. 그 흥분을 잊을 수 없어서 지금까지 십여 가지의 비즈니스를 시작해 왔다고 해도 좋을 정도다.

그런데 아직 이런 생각에 가슴 설레고 있을 사람들에게는 찬물을 끼얹어서 미안하지만, 이것만큼은 확실하게 기억해 두길 바란다. '비즈니스에는 초보자도 베테랑도 없다'는 사실을 말이다.

세상은 당신이 풋내기 사장이라고 해서 봐주지 않는다. 비즈니스에서 초보자 핸디캡은 통하지 않는다. 당신이 사장으로서 사회에 진출한다는 것은 TV나 잡지, 책 등에서 자주 봐 왔던 유명한 경영인들이나 당신 주위에서 이미 눈부신 성과를 내고 있는 경영자들과 '같은 링' 위에 올라서 싸우게 된다는 것을 의미한다.

'이제 막 창업했으니 납품하는 데 시간이 좀 걸릴 수도 있지', '아직 시작한 지 얼마 안 됐는데… 포장은 간소하게 하는 게 좋겠어', '아직 매출이 적으니 홈페이지는 나중에 차차 만들지 뭐' 하는 식으로 판단하면 당신은 아마추어로밖에 보이지 않게 된다. 이런 식으로 경영하면서 회사가 더 좋아질 거라는 기대는 안 하는 것이 좋다.

창업 과정에서 충분한 자금과 시간이 없는 것은 어쩔 수 없는 일이다. 그러나 그것을 핑계 삼았을 때 이해해 줄 고객은 이 세상에 존재하지 않는다. 이게 현실다!

그렇다면 자금이나 시간에 여유가 없이 사업을 시작할 때는 어떻게 해야 할까?

고정비! 고정비! 고정비! 고정비 없는 1인 기업

팔고 싶은 상품이 아니라
팔리는 상품을 개발하는 법

세상에 어느 누구에게도 아무런 쓸모가 없는 상품은 없다고 해도 좋다. 어떤 상품이라도 반드시 누군가에게는 도움이 될 것이기 때문이다. 그런데 팔리지 않는 상품이 존재하는 이유는 무엇일까?

답은 간단하다. 당신의 상품이 팔리지 않는 이유는 당신이 '팔고 싶은 상품'을 팔기 때문이다. 그뿐이다. 따라서 많이 팔고자 한다면 먼저 '팔고 싶은 상품'이 아니라 '팔리는 상품'을 팔아야 한다.

여기서 말하는 '팔고 싶은 상품'과 '팔리는 상품'의 차이는 무엇일까?

'팔고 싶은 상품' 대부분은 고객의 요구가 표면으로 드러나지 않는다. 그에 비해 '팔리는 상품'은 고객의 요구가 표면화되어 있다. 기억하자! 당신이 먼저 만들어 팔아야 할 것은 고객의 요구가 표면으로 드러난 '팔리는 상품'이어야 한다는 것을 말이다.

내 경우, 컨설턴트로 활동하기 시작하고 주변에 홍보를 했지만 한동안 컨설팅 의뢰가 전혀 들어오지 않았다. 서비스의 질을 보장하기 위해 열심히 나의 과거 실적을 어필하기도 하고, 비즈니스와 관련된 책을 써서 출판하기도 했지만 여전히 고객은 없었다.

이유는 간단했다. 내가 판매하는 컨설팅은 내가 '팔고 싶은 상품'이었기 때문이다. 세상에는 컨설팅을 받고 싶어 하는 경영자가 그리 많지 않다. 그 사실을 깨닫고 다시 '판촉물 진단 서비스'라는 이름의 상품을 제공하기로 했다. 그랬더니 문의가 조금씩 들어오기 시작했다.

사실 처음에 내놓았던 '컨설팅'이라는 상품에는 '판촉물 진단'이라는 서비스가 이미 포함되어 있었다. 그런데 처음에는 안 팔리고 나중에는 팔린 이유는 무엇일까? 그것은 컨설팅을 받고 싶어 하는 사람보다 자신들의 판촉물을 재검토하고 싶어 하는 사람이 더 많았던 것이다. 즉 똑같은 서비스를 제공하더라도 고객이 원하는 바가 상품 표면에 드러나야 '팔리는 상품'이 될 수 있다는 의미다.

당신의 상품을 본 고객이 '오! 바로 그거예요! 그게 갖고 싶어요'라고 반응하게 할 것인가, '음… 그게 뭐죠?'라고 반응하게 할 것인가? 이 지점에서 팔리는 상품이 되느냐, 아니냐가 갈리게 된다.

'물건 + 서비스'로
어떻게 나만의 상품을 만들까?

1인 기업의 창업 아이템으로는 '유형의 물건'과 '무형의 서비스'를 조합한 상품을 추천한다.

유형의 물건을 상품화할 경우에는 반드시 '원가'가 발생한다. 상품을 직접 만들어서 판매할 경우에는 원재료비, 상품을 매입해서 판매할 경우에는 매입원가가 발생한다. 경우에 따라서는 재고를 보유해야 한다거나 운송료가 비싸지기도 하는데, 이렇게 되면 아무래도 매출총이익을 포함한 이익률이 낮아진다.

따라서 조직을 거느리지 않으면서 이익을 추구해야 하는 1인 기업에게는 이 업태를 추천하지 않는다. 유형의 물건은 상대적으로 팔기는 쉽지만 이익률은 낮기 때문이다.

고정비! 고정비! 고정비! 고정비 없는 1인 기업

그렇다면 무형의 서비스를 판매하면 괜찮을까?

무조건 그렇다고 할 수도 없다. 확실히 컨설팅이나 시술 등 무형의 서비스는 원재료비와 매입원가가 발생하지 않아서 이익률이 유형의 물건을 판매할 때에 비해 압도적으로 높은 것은 사실이다. (무형의 서비스와 관련된 기술, 지식도 원가에 해당할 수 있지만, 여기서는 유형자산의 원가만을 '원가'라고 부른다.)

그러나 무형의 서비스는 고객 입장에서 보면 손으로 직접 만지거나 다른 것과 선뜻 비교할 수 있는 게 아니므로 판매에 대한 기대치는 높은 반면, 팔기는 더 어렵다.

그래서 '팔기 쉽지만 이익률이 낮은 유형의 물건'과 '팔기 어렵지만 이익률이 높은 무형의 서비스'를 조합한 패키지 상품을 판매할 것을 권한다.

'컨설팅'이라는 상품을 예로 들어 보겠다.

나는 컨설팅이라는 무형의 '서비스'를 상품화해 판매한다. 그리고 거기에 텍스트와 교재, 도구 등의 '물건'을 부가적으로 제공한다.

컨설팅만 판매하게 되면 고객 입장에서는 그 컨설팅을 통해 무엇을 어떻게 제공받을 수 있는지, 컨설팅을 받으면 확실한 결과가 나올지, 다른 컨설팅과 어떤 점이 다른지 등을 전혀 알 수 없어서 그 상품에 대한 정보가 부족한 것은 물론 기대치도 높지 않을 것이기 때문이다.

　'이 텍스트와 워크북을 이용해 컨설팅을 진행합니다. 컨설팅에 필요한 도구들도 한 세트씩 제공합니다. 또 프로젝트 진척 상황을 관리하기 위한 시트들도 이용합니다. 이런 도구들과 6개월간의 컨설팅을 한 세트로 묶어 ○○의 가격에 제공합니다.'

　이렇게 패키지를 만들어 판매하는 것이다. 그러면 고객의 머릿속에서는 '그만한 가격에 저런 상품을 제공받을 수 있다면 구입하는 것도 괜찮겠는데!'라고 생각이 바뀔 수 있다. 무형의 서비스만 판매할 때보다 계약 성사율이 한층 더 높아지는 것이다.

어떻게 해야
고객의 마음을 사로잡을까?

앞뒷면에 온갖 단체에서 발행한 자격증 내역을 빼곡하게 채워 넣은 명함을 받아본 적이 있을 것이다. 내게 상담을 의뢰한 고객이 이런 명함을 내밀 경우 나는 이 점에 대해 가장 먼저 조언한다.

국가에서 발행한 자격증이면 모를까, 이렇게 온갖 단체에서 발행한 자격증 내역으로 명함을 도배하는 이유는 무엇일까?

그것은 유감스럽게도 국가자격증만으로는 명함의 역할을 다하지 못한다고 생각하고, 이런 명함으로는 자신이 바라는 일과 많은 고객을 확보할 수 없을 것이라고 생각하기 때문이다. 고객은 찾으려고 맘만 먹으면 같은 자격증, 같은 조건을 보유한 사람이나 회사를 수없이 찾을 수 있으니 영 근거 없는 우려는 아니다.

'이 많은 사람들 중에서 누구를 선택해야 일을 성공적으로 진행할 수 있을까?' 이런 미션을 안은 사람에게 선택되어야 주문을 받을 수 있다는 것은 말할 필요도 없다.

그럼 고객은 무엇을 보고 파트너를 선택할까?

그것은 '사람'이다. 그 사람의 외모 등도 중요한 요소지만 그중에서도 '경력'이라는 요소가 가장 중요하다. 그런데 여기서 말하는 경력은 학력이나 이력, 취득한 자격증 등을 뜻하는 것이 아니다. 한마디로 말하자면 '어떻게 살아왔는가'를 의미한다.

여기서 A와 B 두 사람의 사례를 살펴보자.

먼저 A는 사람들에게 인기를 끄는 사업을 하고 싶다는 마음으로 자영업을 시작해 비즈니스의 재미를 알게 되었고, 그로부터 23년 동안 비즈니스에 몰두했다. 음식업, 복지사업, IT업, 제조업, 도·소매업, 디자인 관련 사업 등을 했는데, 정신을 차리고 보니 그가 경영한 기업은 무려 열두 개에 달했다. 지금은 자신의 실패 경험을 토대로 기업 컨설팅을 하고 있다.

B는 직업상 필요한 기술을 익히기 위해 경영학을 비롯해 수많은 자격증을 취득했다. 그 후 비즈니스 스쿨에 다니며 MBA 코스를 밟았고, 필요한 인재를 찾고 훌륭한 조직을 만들 방법을 모색하기 위해 모 사단법인이 인정하는 자격증도 취득했다. 경영자들을 지식만이 아니라 심리적으로도 지원하고 싶어서 상담과 코칭

고정비! 고정비! 고정비! 고정비 없는 1인 기업

공부도 하며 공신력 있는 단체에서 증서를 받기도 했다. 세미나 강사로 활약하고 싶어서 관련 단체에 나가 졸업장까지 받았다.

A와 B 두 사람 중 어느 쪽이 고객으로부터 더 많은 주문을 받았을까? 경험이 풍부한 A였을까? 자신의 업무를 뒷받침해 줄 자격증으로 무장한 B였을까?

사실 위의 두 사례는 모두 내 이야기다. 내가 A에 해당하는 명함을 내밀 때와 B에 해당하는 명함을 내밀 때 사람들의 반응은 달랐는데, A 명함으로 승부할 때 더 많은 선택을 받았다. 과연 이유는 무엇이었을까?

B의 경우 자격증을 취득하거나 시험을 통과한 것이 문제가 아니라 그 사실을 나열한 것이 문제였다. '이 사람은 비즈니스나 제공하는 서비스에 집중한 게 아니라 기술을 습득하는 데 인생을 낭비했구나'라고 생각한 것이다.

상대방이 이런 식으로 생각하게 해서는 안 된다. 고객이 자격증을 의미가 없다고 생각하거나 그것을 발행한 단체가 공신력이 없다고 여기는 것은 아니지만, 고객에게 제공할 상품을 만드는 데 더 집중하는 경우를 더 선호한다는 말이다.

상품은 무엇이 더 중요할까?
차별화 vs. 개별화

'다른 회사와의 차별화를 꾀하기 위해 우리는 고급화를 추구하고자 한다.'

'경쟁사와 차별화하기 위해 우리는 여성에게 특화하자.'

이처럼 비즈니스 현장에서 '차별화'는 매우 중요한 전략이다. 차별화를 노리는 것은 절대로 나쁘지 않으며, 모든 산업이 일반화되어 버린 요즘은 매우 효과적인 전략이다. 그러나 1인 기업으로 사업을 시작할 때는 이 차별화를 좀 더 세분화한 '개별화' 전략을 구사하길 권한다.

'고급 지향', '여성'이라는 속성에서 더 나아가 그 '개인'에 집중해 접근하는 것을 '개별화' 전략이라고 한다. '어떠어떠한 속성'

고정비! 고정비! 고정비! 고정비 없는 1인 기업

으로 접근할 경우에는 대상이 뚜렷하게 떠오르지 않는 게 일반적이다. 따라서 '어떤 회사에 다니는 누구에게 판매할 것인가'라는 구체적인 목표, 즉 목표를 딱 한 사람 또는 한 회사로 정해 상품 개발을 추진해야 한다.

예를 들어 내가 하는 사업 중에는 '세미나 및 강연 강사 육성' 사업이 있는데, 처음 사업을 시작할 때 '이 서비스를 이용해 줬으면' 하는 구체적인 목표 대상이 한 사람 있었다. 그는 내가 가입한 친목 모임의 일원이었다.

그는 어떤 업계의 컨설턴트로, 고객을 확보하기 위해 책도 여러 권 출판했는데 기대했던 것만큼 성과가 나오지 않아 어려움을 겪고 있었다. 세미나를 개최하면 컨설팅과 시너지가 난다는 사실을 알고 있었지만 어디서부터 손대야 할지 모르는 상태였다.

모임에서 그의 얘기를 들은 나는 '비즈니스 서적의 저자이기도 한 컨설턴트가 세미나 개최를 쉽게 할 수 있게 하기 위한' 컨설팅을 그에게 제안했다. 고민에 빠져 있던 그는 제안을 받아들였고, 나는 오직 그 컨설턴트 한 사람만을 위한 프로그램을 개발해 컨설팅을 진행했다.

그런데 결과는 어땠을까? 꽤 고액의 프로그램이었는데, 그 사람을 포함해 비즈니스 도서의 저자들이 매번 대여섯 명 정도 참가했다. 그리고 그때 개발한 프로그램은 이후 다른 서비스를 개발할 때도 유용하게 쓰였다.

컨설팅이나 세미나를 준비할 때 종종 '페르소나를 설정한다' 는 표현을 쓴다. 한 사람의 페르소나를 설정해 그의 니즈에 부합 하는 프로그램을 개발하는 것이다. 그런데 그때의 페르소나는 어 디까지나 가공의 인물에 지나지 않는다. 그래서 실제로 그 서비 스를 구매할 거라 기대했던 고객의 니즈를 충족시키기에는 한계 가 있다.

따라서 상품을 만들 때는 실존하는 한 사람이나 한 회사를 염 두에 두고 만들 것을 권한다. 이는 1인 기업을 창업하는 사장들 이 사업을 구상할 때 꼭 기억해야 할 사항이다.

1인 기업이 절대 가져서는
안 되는 3가지란

1인 기업으로 처음 창업할 때 가져서는 안 되는 것이 세 가지 있다.

사무실

1인 기업이 가장 경계해야 할 것은 '고정비'다. 이는 1인 기업이 아니라 어떤 형태의 회사든 창업 초기라면 주의해야 할 요소다.

막 사업을 시작할 무렵, 마치 세상을 다 가진 듯 설레서 자기도 모르게 고정비를 지출하는 사람들이 있다. 큰 사무실을 얻어 멋지게 꾸미거나 직원들을 고용해 조직화하는 것이다.

사무실을 얻고 직원을 뽑는 것 자체는 나쁜 것이 아니다. 그러나 막 창업을 했을 때는 신중에 신중을 거듭해 가능한 한 모든 고정비를 없애려고 노력해야 한다.

1인 기업은 특히 고정비 중 가장 비중을 많이 차지하는 임차료에 엄격해져야 한다. 나 같은 실패를 하지 않기 위해서라도 말이다.

나는 20대에 처음 창업을 했는데, 개인 회사가 아니라 뜬금없이 주식회사부터 차렸다. 회사를 등기할 때 집 주소를 쓰면 없어 보일 것 같다는 이유에서 시가지에 있는 디자이너가 건축한 맨션에 사무실을 차렸다. 임대료가 월 16만 엔(약 170만 원)에 달하는 공간에 사무용 책상과 컴퓨터, 소파, 커피메이커 등을 장만해 채워 넣었다. 창업에 대한 기대와 설렘을 안고 가구점, 잡화점, 가전제품 대리점 등을 돌아다녔다. 곧 다가올 비극에 대해선 짐작도 못한 채 말이다.

이 즈음 지출한 비용이 약 200만 엔(약 2,100만 원) 정도였는데, 그중 사무실을 얻고 운영하는 데 가장 많은 비용이 들어갔다. 영업용 사무실이다 보니 6개월치의 보증금까지 내야 했고, 매달 들어가는 임대료에 부동산 거래 수수료까지 계산하니 비용이 만만치가 않았다. 아직 매출도 나지 않았는데 매달 임대료로 16만 엔씩 나간다고 생각해 보라.

고정비! 고정비! 고정비! 고정비 없는 1인 기업

그래도 자금에 여유가 있는 동안에는 괜찮았는데, 자금이 바닥을 보이기 시작하자 점점 초조해졌다.

그래서 어떻게 되었을까?

처음에 시작하려고 했던 서비스가 아니라 지금 당장 매출을 낼 수 있는 다른 일을 시작하고 말았다. 임대료를 내기 위해 바로 매출을 일으킬 수 있을 만한 작업에 몰두했고, 2년이 지나도록 창업 초기에 계획했던 서비스는 시작도 못 했다.

결국 2년 후 공동으로 업무 공간을 쓸 수 있는 곳으로 회사 주소를 옮겼다. 보증금도 없고 임대료는 주소 사용료와 공동 공간 이용료를 포함해 월 3만 엔(약 32만 원)만 내면 됐다. 이렇게 경제적으로나 정신적으로 부담을 줄인 후 간신히 사업을 재정비해 성장 궤도에 올려놓을 수 있었다.

지금은 다시 사무실을 따로 마련해 사용하고 있지만, 막 창업을 했을 때 이렇게 사무실 관련 지출 비중이 높으면 1인 기업의 가장 큰 자산이라고 할 수 있는 사장의 멘탈에 큰 부담감을 줘 옴짝달싹하지 못하게 된다.

이제 와 생각해 보면 이런 시행착오를 직접 겪었던 덕에 깨달음도 그만큼 컸던 것 같기는 하다.

재고

재고를 보유한다는 것은 매출이 발생하기 전에 상품 또는 원자재 대금에 대한 부담을 떠안아야 한다는 의미다. 거기에 그에 따른 보관비 등이 발생할 수 있고, 금전적 부담뿐 아니라 정신적으로도 부담을 감수해야 한다. 사실 이 정신적 부담이야말로 1인 기업 사장을 가장 힘들게 하는 부분이다.

나도 재고 때문에 공포감마저 느낀 적이 있다.

예전에 점포 관리용 IT 장비 및 시스템 판매 대리권을 취득해 일반 상점에 판매하는 사업을 한 적이 있는데 개발 업체에서는 판매 대리권을 얻으려면 상품의 라이선스 100개를 먼저 구입해야 한다는 조건을 내걸었다. 나는 그 상품이 훌륭하다고 판단하고 '뭐 라이선스 100개 정도는 재고로 가지고 있어도 괜찮겠지' 하며 수백 만 엔을 선지불하고 개발 업체와 계약을 맺었다. 하지만 그것은 너무 섣부른 판단이었다.

내게는 대규모 판촉 활동을 할 수 있을 정도의 인력이나 자금력이 없었기 때문에 일일이 상점을 돌아다니면서 영업을 해야 했고, 몇 개월 동안 열 건 정도의 계약을 겨우 성사시켰던 것이다.

문제는 이미 대금을 지불한 재고 라이선스가 90개나 남아 있었지만, 계약을 맺은 열 군데 고객에게 서비스를 지원해야 했기 때문에 신규 고객 확보 속도는 점점 더 떨어졌다는 것이다. 또 기술이 나날이 발전해 다른 여러 기업에서 유사한 서비스를 개발해 내놓으면서 시장 경쟁은 점점 더 과열돼 갔다.

이런 상황이 되자 심리적 스트레스도 커졌다. 날마다 압박감이 심해지면서 경영자에게 가장 중요한 '중장기를 내다보는 비즈니스 플랜'은 생각지도 못하고 재고를 처분하는 데 혈안이 되어 나머지 90개의 라이선스를 어떻게 팔 것인지만 생각했고, 당연히 회사의 매출은 더 하락했다.

아무래도 안 되겠다고 느낀 나는 과감하게 나머지 90개의 재고를 포기하기로 하고, 모든 재고를 폐기 처분했다. 재고 처리에 대한 강박에서 벗어나 그 에너지를 이미 계약한 열 개사 고객에게 더 집중하기로 한 것이다.

이후 그 고객들에게 이미 계약한 시스템에 대한 서비스를 강화하는 한편, 새로운 비즈니스를 제안해 성사시키며 어려움을 극복해낼 수 있었다.

이때의 경험을 바탕으로 '사업을 시작할 때는 재고를 보유하지 않는다'는 교훈을 얻었고, 이후 이를 철저히 지키고 있다. 소매업 사업을 하면서 재고를 보유한 적이 있기는 하지만 다 팔리지 않아 재고가 남더라도 경영에 크게 지장이 없는 범위 내에서였다. 이 정도로 재고라는 것은 무서운 것이다.

조바심

사업을 시작하기로 했다면 일단 매출이 일어나기를 바랄 것이다. '어떤 수단을 써서라도 매출을 만들고 싶다'고 생각하는 것은 당연한 바람이지만, 이때도 주의해야 할 점이 있다. 사업을 시작할 때 처음부터 관계를 잘못 설정하면 비즈니스가 진행되면서 그 관계가 족쇄가 될 수 있다는 것이다.

여기서 내가 저지른 실패 몇 가지를 소개하겠다.

바터 거래

'바터barter'는 원래 '물물 교환'을 의미하는 말로, 비즈니스에서 상대가 당신의 상품을 구입하면 당신도 상대의 상품을 구입하는 조건으로 거래가 성사되는 것을 말한다.

처음 창업했을 때 어떻게든 매출을 올리고 싶었던 나는 바터 거래를 많이 했다. 그중에는 보험, 정수기, 고객 관리 시스템, 스포츠센터 회원권 등 제대로 사용할 기회도 갖지 못한 것들도 많았다. 결국 비용은 비용대로 나가고 쓰지도 못해서 골머리를 썩다가 해약을 하려고 하니, 그러면 우리 회사의 서비스도 해약된다고 했다. 할 수 없이 계약을 유지했는데, 결과적으로 회사의 이익을 깎아먹고 말았다.

범주 외 서비스

어떤 조건을 내걸면서 그 조건을 충족시켜주면 상품을 구입하겠다고 하는 경우가 있다. 이때 요구하는 조건이 당신 회사에서 제공하는 상품이나 서비스의 범주 안에 들어 있는 것이라면 상관없지만, 그렇지 않을 경우에는 주의해야 한다.

사무기기 판매업을 하던 무렵 나는 매출을 올리고 싶은 마음에 별도의 수수료는 내지 않는 조건에 사무실로 가져와 설치까지 해준다면 구입하겠다고 하는 고객들의 요구를 받아들였다. 이익이 생기지 않는 것은 알고 있었지만 일단 매출을 올리고 싶었기 때문이었다.

그밖에도 쓰레기를 회수해 가져가달라, 오전 중에 방문해달라는 등의 요구에도 모두 응했다. 물론 추가 비용 없이 말이다. 그 결과, 바쁘게 돌아다니는데도 회사의 재무 상태는 전혀 나아지지 않는 상황이 되풀이됐다.

문제의 심각성을 파악한 후 고심 끝에 추가 서비스를 유료로 전환했다. 그 결과 거래처가 반으로 줄어든 반면, 이익률은 오히려 개선되는 효과가 있었다.

이처럼 매출을 올리고 싶은 충동이 일어나면 주변의 유혹에 쉽게 넘어갈 수 있다. 이런 조바심을 현명하게 극복하는 것도 경영자가 갖추어야 할 덕목이다.

고정비를 확실하게 줄이는
3가지 포인트

앞에서 사업을 시작하는 단계에서는 고정비를 최대한 없애는 것이 좋다고 말했다. 내가 현재 경영하는 두 회사의 경우, 업무를 보는 사무실은 한 군데라 임대료가 한 곳에서만 나가고, 정규직으로 일하는 직원은 아예 없다. 그 밖에도 매달 들어가는 고정비를 엄격하게 관리하는 덕에 매출 대비 고정비 비율은 고작 몇 퍼센트에 불과하다.

빌려 써도 되는 물건은 임대해서 사용하고, 어지간하면 정액제보다 종량제로 서비스를 이용한다. 그러다 보면 어떤 달에는 정액제보다 종량제 요금이 비싸게 먹힐 때도 있고 임대하는 것보다 사는 게 더 경제적일 때도 있지만, 앞에서 소개했듯이 고정비를 조달하는 데 들어가는 에너지에 비하면 이게 훨씬 현명한 방법일 수 있다. 아무튼 사업을 시작할 때는 '고정비는 경영의 적'이라고 인식하는 것이 좋다.

하지만 인건비를 변동비화할 때는 심사숙고해야 한다. 일정한 업무를 상대방의 재량에 맡기고 성과물을 제공받는 외주 시스템을 활용해야 할 업무가 있고, 그렇지 않은 업무가 있기 때문이다. 직접적인 지휘명령을 그때그때 내려야 하거나 출근 및 시간 관리를 할 필요가 있거나 컴퓨터, 휴대전화 등을 별도로 대여해야 하는 경우에는 외주 시스템을 활용하는 것보다 직원을 직접 고용하거나 업체에서 직원이 파견 나오도록 하는 게 더 좋을 수도 있다.

그런데 이런 경우에는 각각의 업무 방식에 따라 사회보험 등의 고정비가 발생할 수 있으니 사전에 노무사나 세무사 등 전문가에게 문의하길 바란다.

그리고 다음의 세 가지는 반드시 변동비화하길 권한다.

영업비

현재 나는 연간 강연을 100회 이상 하고 있고, 그밖에도 세미나와 기업 컨설팅, 고객 모집 및 단골 창출을 위한 시스템 판매를 병행하고 있다.

그러나 내가 운영하는 두 회사에는 영업 사원이 한 명도 없다. 1인 기업이니 당연한 말이지만 말이다.

영업 사원이 없으니 영업에 들어가는 고정비도 전혀 없다. 이렇게 영업에 고정비를 쏟아붓지 않고도 앞에서 말한 사업들을 충분히 할 수 있다. 그리고 대신 각종 대행 서비스를 최대한 활용한다.

내가 주로 이용하는 대행 서비스는 다음과 같다.

- 강연 업무는 강사 소개 서비스를 하는 강사 에이전시가 관리
- 내가 직접 개최하는 세미나는 어필리에이터affiliater(SNS 마케팅을 이용해 물건을 판매하고 일정 비율을 받는 사람) 등을 통해 영업
- 시스템은 영업 대행을 하는 회사를 통해 판매

또 이미 많은 고객을 보유한 기업에 홍보를 의뢰한 적도 있는데, 이런 것들은 대부분 판매 상황에 따라 수수료를 지불하는 방식으로, 영업을 아웃소싱함으로써 변동비화하는 방법이다.

한편 홈페이지를 이용해 상품이나 서비스를 판매할 때 제작을 담당하는 파트너 회사와 '제작비 외에 해당 홈페이지에서 발생하는 총매출액의 일정 부분을 수수료로 지급하는' 방식으로 계약을

고정비! 고정비! 고정비! 고정비 없는 1인 기업

체결할 때도 있다. 이런 경우 파트너 회사는 홈페이지만 제작하고 끝내는 것이 아니라 어떻게 하면 상품이 더 잘 팔릴지를 함께 고심하며 좀 더 적극적으로 일하게 된다.

구체적으로는 우선 홈페이지를 제작해주고, 이후 계속해서 홈페이지 이용 실태를 해석 및 분석하며, 때로는 사진이나 홍보 문구 등을 재검토한다. 팔리면 팔릴수록 제작 회사의 매출도 올라가므로 열의를 가지고 임하게 되는 것이다.

이렇듯 매출의 일정 부분을 대행회사나 파트너에게 지불하는 방식으로 영업 사원 한 명 없이 지금까지 원활하게 일할 수 있었다.

'소개료나 계약 체결 수수료를 지불하면 내 몫이 줄어들지 않나! 그게 아깝다'라는 생각이 들 수도 있다. 물론 그럴 수도 있다. 그러나 단언컨대 고정비가 늘어나는 위험을 회피할 수 있다면 그 비용은 오히려 적게 먹히게 된다.

사무직원 인건비

내 명함은 메일 주소가 눈에 띄게 디자인되어 있고, 명함을 교환할 때도 "괜찮으시다면 메일로 문의바랍니다"라고 말한다. 그래서 나를 직접 만난 대부분의 사람들은 비즈니스와 관련해 메일로 문의하는 경우가 많다. 그밖에 홈페이지를 통해 문의하는 경우도 많고, 아주 가끔은 전화로 문의하는 경우도 있다.

그러나 말했듯이 내가 경영하는 두 회사에는 사무직원이 상주하지 않는다. 대신 '비서 대행 서비스'를 활용해 업무를 처리하고 있다.

내 명함에는 비서 대행 서비스 회사에서 배정한 전용 번호가 기재되어 있다. 고객에게서 전화가 오면 우리 회사를 담당하는 비서 대행 서비스 회사 직원이 받아 용건을 확인한 뒤 나에게 전달한다. 동시에 메일로 용건과 회신해야 할 고객의 연락처를 보내주는데, 그것을 보고 나는 바로 고객에게 연락을 취한다.

내가 즉시 회신할 수 없는 경우에는 외부 직원에게 메일을 공유해 곧바로 고객에게 연락을 취해 달라고 부탁한다. 예전에 비서 업무에 종사하다 현재는 집에서 아이를 키우는 분이나 다른 일을 하고 있지만 시간 활용을 비교적 자유롭게 할 수 있어서 늘 노트북을 휴대할 수 있는 사람에게 업무를 배정한다. 사전에 이들에게 자료 등을 넘기고 대응 매뉴얼을 공유한 덕에 변칙이 없는 한 웬만한 문의에는 대응을 할 수가 있다.

우선 문의를 해온 고객에게 휴대전화로 회신을 한 이후에는 주로 메일로 대화를 주고받지만 긴급한 상황일 경우에는 휴대전화로 처리한다. 이때도 비서 대행 서비스 회사에서 우리 회사에

63

고정비! 고정비! 고정비! 고정비 없는 1인 기업

배정한 전용 번호로 처리한다. 당연히 비용과 관련된 얘기나 다소 복잡한 내용은 나에게 넘긴다.

계약 형태는 매달 기본요금과 함께 대응 건당 수수료를 지급하는 형태다. 사전에 예상되는 문의사항에 대한 답변 매뉴얼과 자료 등을 준비하는 데 수고와 시간이 들지만, 그 수고에 들어가는 에너지를 제하더라도 장점은 충분하다.

또 한 사람과 오랫동안 거래하면 해당 업무에 대한 이해도가 높아져 마치 상주하는 직원처럼 일을 처리해 줘 매우 만족감이 높다.

지료 · 임차료

'역 근처에 사무실을 두고 집무실과 안내 데스크를 만들자. 세미나룸도 있으면 편하겠지?'

컨설턴트로 활동하기 시작한 이후 내 머릿속에는 이런 생각이 몇 번이나 스쳤다. 그러나 그때마다 예전에 경험한 '고정비 지옥'을 떠올리고는 단념하곤 했다.

그런데 컨설턴트로서 고객과 면담을 하면서 카페나 레스토랑 같은 데서 때로는 회사의 기밀과 고객의 프라이버시가 포함된 중요한 얘기를 나눌 수는 없었다. 그래서 지금은 삿포로와 도쿄에 임대 사무실이 아닌 비즈니스 센터에서 공간을 빌려 사용하고 있다.

이 비즈니스 센터는 법인등기를 할 수 있고 전용 공간도 주어지기 때문에 중요한 서류 등을 안전하게 보관할 수도 있다. 또 크고 작은 회의실, 세미나룸 등을 회원가에 시간당 비용으로 이용할 수 있다. 접수처에서는 간단한 고객 대응 외에도 우편물을 받아주기도 하고, 신청할 경우 비서 대행 서비스도 제공한다. 공용부분 등에 대한 청소는 기본이다.

참고로 도쿄에서 똑같은 넓이의 사무실 시세를 조사해 보니 현재 이용 중인 비즈니스 센터 이용료보다 두 배 이상 비쌌다. 또 직접 사무실을 임대하는 경우에는 광열비나 비품 등도 당연히 자기가 부담해야 하고 청소도 직접 해야 한다.

이는 어디까지나 내가 입주해 있는 사무실에 한정된 얘기일 수 있지만, 이런 종류의 서비스를 제공하는 사무실은 이제 세계적으로 확산되고 있는 추세다. 그래서 원한다면 누구나 유리한 입지에 있는 사무실과 훌륭한 설비 및 서비스를 필요할 때 필요한 만큼 이용할 수 있다. 임대 사무실이 반드시 필요한 특수한 산업이 아니라면 이런 사무실만으로도 충분하지 않을까?

3장

이익을
확실하게 내는
'비즈니스모델'
대공개

반드시 이익이 나는 '비즈니스 모델' 찾는 법

1인 기업으로 이익을 확실하게 내기 위해 가장 중요한 것은 '비즈니스모델'이라고 해도 지나치지 않다. 그런데 '비즈니스모델'이라고 하면 흔히 '영업 전략'과 혼동하는 경우가 있다. 사실 이 두 가지는 언뜻 보면 비슷할 수도 있다.

사업을 하는 데 있어서는 영업 전략도 중요하지만 그보다 더 중요한 것은 비즈니스모델이다. 첫째도 둘째도 무조건 비즈니스모델이 중요하다. 이 두 가지는 어떻게 다를까?

쉽게 말해 영업 전략은 '어떻게 판매하고 어떻게 구매하게 하는가'이고, 비즈니스모델은 '어떻게 이익을 올리는가'이다. 전자는 상품의 판매 구조와 흐름을 디자인하는 것이고, 후자는 이익의 구조를 디자인하는 것이다.

예를 들어 음식점을 경영한다고 하자. 판촉물을 배포해 매장의 존재를 인식시키고 믿을 만한 입소문으로 신뢰도를 높인다. 또 기간 한정 이벤트와 특선 요리로 흥미를 불러일으키고, 간편한 예약 시스템을 갖춰 예약을 촉진시켜 매장 방문으로 연결되게끔 하는 것이 영업 전략이다.

그렇다면 비즈니스모델은 무엇일까?

- 5회 이상 방문하는 고객에게 애피타이저를 무료로 이용할 수 있는 쿠폰을 제공한다.
- 메인 메뉴 두 개를 주문하면 '풋콩 잡기 게임'을 할 수 있게 해 월별로 가장 많이 잡은 사람 순위를 발표한다.
- 단체 손님에게는 매장의 특별 공간을 이용할 수 있게 한다.
- 우리 가게만의 자랑거리인 비법 양념을 매장 내에서만 한정 판매한다.

이런 것이 바로 비즈니스모델로, 비즈니스모델은 다시 말해 이익 구조를 디자인하는 일이다.

앞에서도 말했지만 사업에 있어서는 '어떻게 판매하는가'보다 '어떻게 이익을 만들어내는가'가 더 중요하다.

우선 이번 장에서는 비즈니스모델에 대해 좀 더 깊이 살펴보려고 한다. 훌륭한 비즈니스모델을 구축하려면 어떻게 해야 하는지에 대해 자세히 소개하도록 하겠다.

고객 수가 매출이라는 고정관념

내게는 기억하고 싶지 않은 아주 괴로운 추억이 하나 있다. 20대 초반에 음식점을 시작했을 무렵에 겪은 일이다.

당시에는 '매출은 곧 고객 수'라고 믿어 의심치 않았다. 그래서 가게의 매출을 올려 이익을 늘리기 위해서는 '어떻게든 고객을 늘려야 한다'고 생각했다.

이벤트나 캠페인을 자주 하고 광고·선전에 매달 수십 만 엔을 투자하는 등 고객 수를 늘리려고 필사적으로 노력했다. 자나 깨나 '고객 수를 늘리려면 어떻게 해야 할까'만 생각했다.

이 방법 저 방법 다 써 보다가 막판에는 음식을 싸게 팔기에 이르렀다. '회식 총무를 맡은 사람에 한해 식대 무료!', '생맥주

100엔(약 1,100원)!', '풋콩 200엔(약 2,100원)!'이라고 홍보하는 등 저가 전략으로 호소하는 마케팅을 했다.

그 결과 가게는 연일 많은 고객들로 북적였고 마침내 사람들이 줄을 서서 기다리는 음식점이 되었다. 고객 수가 곧 매출이라고 믿고 있었기에 뛸 듯이 기뻤지만 그 기쁨도 잠시, 결산을 해보고 난 후에는 깜짝 놀라고 말았다. 전월 대비 고객 수는 일곱 배 늘었지만 매출은 두 배 오르는 데 그쳤고, 이익은 오히려 마이너스였던 것이다.

일의 전말이나 상세한 내용은 뒤에서 설명하겠지만 늘어가는 광고선전비, 이익을 내지 못하는 저가 상품, 고객 수 증가에 따른 인건비 상승 등으로 적자가 대폭 증가하고 말았다.

이런 비극적인 일은 음식점에만 한정되지 않는다. '1,000엔(약 1만 1,000원)에 로고 마크 만들어드립니다', '5,000엔(약 5만 3,000원)에 한 시간 컨설팅해드립니다', '마사지 60분에 3,000엔(약 3만 2,000원)!'… 이런 식의 마케팅은 모두 똑같은 결과로 마무리된다.

박리다매를 통한 고객 수(점유율) 확보 전략은 자본력이 있는 대기업에는 적합할지 모르지만 1인 기업은 절대로 흉내 내면 안 되는 모델인 것이다.

고객! 고객! 고객 입장에서
생각하는 법

당신이 지금 홈페이지 제작 업무를 맡고 있다고 하자. 전문 기술을 구사해 주문받은 홈페이지를 제작해 납품하는 것은 정말 멋진 일이다. 그러나 경쟁 업체가 많은 요즘에는 생각처럼 단가를 높여 받기도 힘들다. 그러다보니 필요한 매출을 확보하기 위해서는 일을 더 많이 해야 한다. 결국 늘어나는 작업량에 피로만 쌓이게 된다.

자, 이럴 때 당신은 어떤 방법을 선택하겠는가?

이럴 때 대부분의 사람들이 '최신 기술을 익혀서 다른 사람들과 차별화해 단가 상승을 꾀한다'는 쪽으로 쏠린다. 그런데 이 방법은 좋지 않다. '최신 기술'이라는 것은 유통기한이 매우 짧기

이익을 확실하게 내는 '비즈니스모델' 대공개

때문이다. 얼마 가지 않아 그보다 진보된 기술이 등장하고, 그러면 당신이 익힌 최신 기술의 단가도 하락의 길을 걷게 된다. 결국 그 전과 같은 일을 반복하게 된다는 뜻이다.

따라서 이럴 때는 해당 업종의 상류로 시선을 돌려야 한다. 당신이 하는 일이 지금처럼 홈페이지 제작 업무라면 홈페이지 제작을 의뢰한 고객이 무엇 때문에 홈페이지가 필요한지를 생각해 보는 것이다. 홈페이지를 제작하려고 할 때는 인재를 채용하기 위해서라든가, 판매를 촉진시키기 위해서라든가 어떤 목적이 있을 것이다. 그 목적이 무엇인지를 알면 그 목적을 지원하는 영역으로 발을 내딛을 수 있게 된다.

사실 이미 오래전에 매각하기는 했지만, 나는 7년 전까지 시스템 개발과 홈페이지를 제작하는 회사를 경영했었다. 즉 앞에서 제기한 고민은 당시 나의 고민이었다. 나는 그때 홈페이지 제작 업무의 상류에 주목해 위로 계속 거슬러 올라가다가 경영 컨설팅이라는 비즈니스 영역에 도달하게 되었다.

비즈니스에서는 하류로 내려갈수록 작업이 단순해지고 단가가 낮아지는 경향이 있다. 1인 기업이 노동 대비 생산성을 높이기 위해서는 늘 상류를 의식하고 위로 거슬러 올라가야 한다.

그러나 그런 시간을 낼 수 없는 사람도 있을 것이다. 그럴 경우에는 상류에 속하는 비즈니스를 하는 파트너와의 협업을 추천

해당 비즈니스의 상류에 주목한다!

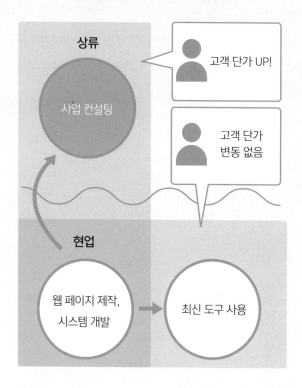

한다. 고객에게 제작 업무만 제안할 때보다 상류 영역에 있는 상품 또는 서비스부터 제작 업무까지 하나의 패키지로 만들어 제안할 때 단가도 올라간다.

이때 하나 주의해야 할 점이 있다. 여기서 말하는 '상류', '하류'라는 개념은 상하 관계를 의미하는 것이 아니라 어디까지나 업무상 역할을 분담한다는 뜻일 뿐이라는 점이다. 따라서 상대적으로 우세한 입장에 서는 파트너와 팀을 짜는 것은 추천하지 않는다.

사람은 재미있는 일에 모여들고
유용한 일에 투자한다

비즈니스모델을 구축할 때 사람은 즐거운 장소에 모여들고 재미있는 것에 돈을 쓴다는 점을 기억해야 한다.

나는 'B to C(개인 대상 비즈니스) 사업의 경우 고객이 생활비가 아니라 교제비, 유흥오락비로써 지출하게 하라'는 말을 자주 한다. 일용품이나 식비 등 생필품의 경우는 '저렴하면 저렴할수록 좋다'는 생각을 하는 것이 사람의 심리다. 그렇기에 당신이 판매하는 상품이나 서비스를 이용할 때 그 돈이 생활비라는 카테고리의 지갑에서 나오면 이익률은 뚝 떨어지고 만다. 그래서 생활비 이외의 지갑에서 돈이 나오게 하기 위한 상품 개선, 즉 새로운 카테고리의 비즈니스모델을 구축할 필요가 있다.

예를 들어, 가정에서 사용하는 허드레 용도의 두루마리 화장지가 아니라 집들이 선물로 기분을 낼 수 있는 '특별한 소재의 선물용 두루마리 화장지'를 만드는 것이다. 이렇게 하면 생활비, 일용품비에 속했던 화장지가 선물비, 교제비로 옮겨가게 된다. 또 식사 목적의 런치 스페셜 대신 교제를 위한 소셜 다이닝 메뉴, '불타는' 금요일 밤의 유흥을 책임질 메뉴를 기획할 수도 있다.

B to B(기업 대상 비즈니스)의 경우도 마찬가지다. 당신의 상품이 저렴하면 저렴할수록 고객이 그 상품에 대한 지출을 소모품비로 분류하지 않도록 비즈니스모델을 개선해야 한다.

예를 들면 상품 자체로써만이 아니라 선물이나 접대 등의 용도로 이용해 교제비로 분류하게끔 아이디어를 개발하는 것이다. 상품을 효과적으로 활용하는 방법을 알려주는 연수나 세미나를 세트로 기획해 교육연수비, 연구개발비로 지출하게 할 방법은 없는지도 생각해 보길 바란다.

일단 기업 고객의 경우에는 지출에 대한 리스크를 신경 쓰기보다 투자하고 있는 상품과 서비스에서 이익을 얻을 수 있다는 확신을 갖게 하는 것이 가장 중요하다.

1인 기업을 한다는 것

신규 고객 개척 vs. 기존 고객 유지

혹시 '5 대 1의 법칙'에 대해 알고 있는가? 이는 고객 개척과 관련해 매우 유명한 법칙이다.

신규 고객 한 명을 개척하는 비용 vs.

기존 고객 한 명과 다시 거래하는 비용

이것이 5 대 1이 되어야 한다는 것이다.

사실 이런 '○○의 법칙'이라는 것에 조금 회의적이었던 나는 실제로 내 가게에서 실험을 해 본 적이 있다. 객단가 2,000엔(약 2만 1,000원)인 광둥식 딤섬 브런치 가게에서 이 실험을 해 봤는

데, 무려 16 대 1이라는 결과가 나와 깜짝 놀랐다.

이렇게 기존 고객에 대한 접근 비용이 급감한 이유는 하루가 다르게 발달하는 이메일이나 SNS 등의 IT 인프라 때문이다. 참고로, 이때 신규 고객 한 명을 개척하는 비용은 무려 8,000엔(약 8만 5,000원)이 들었다. 객단가 2,000엔(약 2만 1,000원)의 가게에 신규 고객 한 명을 유치하는 데 드는 비용이 8,000엔이라니!

그런데 왜 이렇게 많은 비용이 들까?

예를 들어 5만 엔(약 53만 원)을 들여 고객 모집을 위한 전단지를 만들었다고 치자. 전단지 제작비, 즉 눈에 보이는 비용은 5만 엔이다. 그런데 이것만 드는 것이 아니다. 전단지를 어떻게 만들지 구상하는 시간, 다시 말해 인건비가 드는 것이다. 더 따지고 들면 생각하는 장소가 사무실이라면 그 시간에 해당하는 임대료와 수도광열비도 들어간다. 그밖에 전단지용 사진을 찍거나 찾는 시간, 전단지 카피를 구상하거나 쓰는 시간, 제작사와 미팅하는 시간도 모두 비용이다.

또 완성된 전단지를 보관하는 장소에 임대료를 내야 하고, 전단지를 배포하거나 포스팅하는 데도 비용이 든다. 그뿐 아니라 전단지에 대한 반응을 확인하는 데도, 나중에 전단지를 폐기할 때도 비용이 든다. 다시 말해 눈에 보이지 않는 시간, 즉 인건비와 지료 등이 들어간다. 참고로 이렇게 전단지를 배포하거나 포스팅하는 데 들어가는 비용을 전부 돈으로 계산했더니 30만 엔 (약 320만 원) 정도가 나왔다.

전단지뿐 아니라 인터넷을 이용한 광고 및 간판 등도 신규 고객 개척 비용이므로 이런 것들을 다 합치면 엄청난 비용이 든다는 것을 잊으면 안 된다. 이렇게 산출한 전체 비용을 신규 개척한 고객 수로 나눠 보니 앞에서 말한 8,000엔이라는 결과가 나온 것이다.

그렇다면 내가 가게를 어떻게든 흑자로 경영할 수 있었던 이유는 무엇일까? 그것은 신규 고객 개척 비용의 16분의 1밖에 안되는 비용으로 가게를 방문해 주는 단골 고객이 있었기 때문이다. 8,000엔의 16분의 1이니 500엔(약 5,300원)이다. 500엔의 비용을 들여 2,000엔의 매출을 올리면 이익이 생긴다. 이렇게 신규 고객 개척을 하며 생긴 적자를 메웠다. 이것이 내가 '흑자'를 낸 방법이다.

즉, 흑자라는 것은 신규 고객 개척으로 발생한 적자를 기존 고객이 가져오는 이익으로 보충할 수 있는 상태를 나타낸다. 반대로 말해 신규 고객 개척을 통해 매출을 계속 만들어낸다는 것은, 겉으로는 자금이 회전하고 있지만 '자전거 조업(자기 자본이 만성적으로 부족해 타인의 자본을 잇따라 거두어들여 가까스로 조업을 계속하는 상태)' 상태에 빠졌다는 뜻이다. 즉 신규 고객을 개척하면서 발생

이익을 확실하게 내는 '비즈니스모델' 대공개

한 적자를 기존 고객을 통해 얻은 이익으로 보충하는 것이다.

따라서 신규 고객을 계속 개척하는 것보다 개척한 고객의 재방문을 어떻게 늘리느냐에 집중해야 한다. 그리고 거기서 발생하는 이익으로 다시 다음 신규 고객을 개척해야 하는 것이다.

돈 들이지 않고도
영업하는 방법이 있다

현재 내가 경영하는 회사 중 한 곳은 '경영 컨설팅' 사업을 한다. 이 사업을 하면서 어떻게 영업 활동을 해 고객을 확보하고 있는지 사례를 소개하겠다.

일정한 신뢰를 바탕으로 하는 컨설팅이라는 상품의 특성상 DM 발송이나 방문 영업을 통해 고객을 확보하기는 쉽지 않다. 그래서 영업 활동의 일환으로 세미나를 개최했다. 세미나를 실시해 고객을 확보하는 비즈니스모델을 채택한 것이다.

이는 언뜻 보면 제대로 된 방법처럼 보이지만 이것만으로는 훌륭한 비즈니스모델이라고 할 수 없다. 세미나를 개최하거나 참가자를 확보하기 위한 비용이 발생하기 때문이다. 세미나를 개최해 본 경험이 있는 사람이라면 알겠지만 이렇게 세미나 참가자를 모집하는 데는 돈이나 시간, 수고가 굉장히 많이 들어간다.

그래서 강연 활동을 적극적으로 했다. 여기서 말하는 강연 활동이란, 기업과 각종 단체 등 주최 측에서 먼저 제안하는 강연을 말한다. 물론 1인 기업을 경영하는 나는 강사 소개 에이전시에 강연과 관련된 영업을 맡긴다.

이렇게 주최 측으로부터 제안을 받고 강연을 하는 경우에는 강연료라는 보수와 함께 교통비나 숙박비 등의 경비도 지원 받는다. 이때 내 강연이나 세미나를 듣고 좀 더 자세한 이야기를 듣고 싶어 하는 사람에게는 내가 발행하는 일간 메일 매거진을 발송한다. 메일 매거진을 통해 내가 개최하는 세미나에 참석할 수 있도록 안내하고, 이후 필요에 따라 컨설팅 신청까지 하게끔 하는 것이다.

즉, 주최 측이 모든 경비를 부담하고 나는 강연료까지 받으면서 컨설팅 잠재 고객을 발굴하기 위한 영업 활동을 하는 것이다. 남들은 돈이 들지 않는 영업 활동을 하려고 애쓰는데, 오히려 돈을 받으면서 영업 활동을 하는 것이다. 참고로 강사 소개 에이전시를 통해 강연 의뢰를 받기 때문에 내가 직접적으로 지출하는 영업 경비는 한 푼도 없다.

당신이 만약 컨설팅을 하는 1인 기업을 경영한다면 세미나,

강연, 트레이닝 등 유료로 교육할 수 있는 모든 곳에서 영업 활동을 해 보자. 이 방법은 사실 컨설팅 사업뿐 아니라 모든 비즈니스에 응용할 수 있다.

이익을 확실하게 내는 '비즈니스모델' 대공개

나를 성공으로 이끈
일석다조의 비즈니스모델 노하우

원래 게으름쟁이인 나는 '일석이조'라는 말을 무척 좋아한다. 어차피 무언가를 할 거라면 그 일을 통해 더 많은 이익을 얻고 싶어 한다.

이런 생각은 비즈니스를 할 때도 마찬가지다. 예전에 방이 몇 개 딸린 음식점을 경영한 적이 있는데, 이때 그 방들을 노래방으로 꾸미고 방음 설비까지 했었다. 또 노래강사들과 제휴해 방음이 되는 방을 활용해 노래교실을 열기도 했다. 방 하나를 음식점, 노래방, 노래교실로 사용해 생산성을 높였던 것이다.

사무용품 판매회사를 경영하던 무렵에는 상품을 납품하면서 동시에 할 수 있는 일이 뭐 없을까 궁리하다가 기밀서류 파기 서

1인 기업을 한다는 것

일석다조의 효과를 노린다

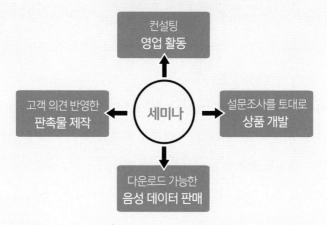

비스를 함께 하기도 했다. 고객에게 사무용품이라는 기존의 상품을 납품하러 가는 길에 파기해야 할 기밀서류를 동시에 회수함으로써 기존의 사업에 들어가던 똑같은 시간과 수고로 두 가지 사업의 매출을 올린 것이다.

그 후에도 대형 문구 제조회사와 업무 제휴를 맺고 판로를 공유하거나 고객 매칭 서비스를 유료로 실시하는 등 '일석다조'를 실현해 노동시간당 생산성이 비약적으로 향상되었다.

앞에서 말한 세미나 개최와 컨설팅 홍보도 같은 맥락이라 할 수 있다. 세미나로 수강료라는 매출을 얻는 동시에 컨설팅 영업 활동도 할 수 있으니 말이다.

사실 세미나를 개최하는 목적은 이것만이 아니다. 세미나가 끝난 후 취합한 고객설문조사 결과를 다음 콘텐츠 개발에 활용하거나 새로운 판촉물을 제작하는 데 이용한다. 또 세미나 현장을 녹화하거나 음성 파일로 저장한 다음 다운로드할 수 있는 상품으로 만들어 판매한다.

이것이 내가 생각하는 일석다조의 비즈니스모델이다. 1인 기업이라면 이렇게 하나의 활동을 통해 최대한 많은 이익을 얻으려면 어떻게 해야 할까를 생각하고 또 생각해 보길 바란다. 사장의 일거수일투족이 여러모로 좋은 기회가 되게 하려면 어떻게 해야 하는지에 대해서 말이다.

고객 스스로 내 사업으로
걸어오게 하는 방법

앞에서도 말했듯이 수익을 최대화하기 위해 가장 주의해야 할 것은 바로 고정비다. 고정비 중에서도 특히 설비비와 인건비를 얼마나 줄이느냐에 따라 비즈니스의 성공과 실패가 결정된다고 해도 지나치지 않다.

그렇지만 고정비를 삭감하는 데도 한계가 있다. 1인 기업으로 사업을 시작하면서 겨우 생활비 정도의 보수만 들어오길 바라는 사장은 없을 테니 말이다.

이럴 때는 '고객을 그 일에 참여시킬 방법은 없는지' 생각해보길 권한다. '고객을 일에 참여시킨다니, 말도 안 돼!'라고 생각하는가? 그렇다면 예를 들어보겠다.

홈페이지 제작을 하는 회사라면, 홈페이지를 직접 만들어주는 사업에만 머물 것이 아니라 홈페이지 제작 과정에 관한 강좌를 개설하는 것이다. 비교적 쉽게 할 수 있는 블로그형 홈페이지 제작법을 가르치는 강좌 말이다. 단가를 따진다면 분명 홈페이지를 직접 제작해 줄 때 매출이 훨씬 높을 것이다. 그러나 강좌를 개설하면 돈도 받고 감사 인사도 받으면서 잠재 고객을 모집할 수 있다는 장점이 있다.

강좌를 듣는 사람 중에는 '역시 전문가에게 맡기는 게 좋겠어'라고 생각하는 고객이 있게 마련이다. 그렇다면 그 고객은 홈페이지 제작을 누구에게 의뢰할까? 바로 당신이다.

또 강좌를 들었던 고객이기 때문에 그가 무슨 목적으로 홈페이지를 필요로 하는지 당신은 이미 알고 있다. 게다가 그 고객은 '홈페이지란 무엇인가'라는 것에 대해 어렴풋하게라도 배웠기 때문에 이후 당신과 제작에 관한 대화를 나눌 때 소통이 원활하게 이뤄질 것이다.

이처럼 당신이 '작업'으로 맡은 일을 '강좌'로 전환해 보자. 이렇게 하면 고객을 그 일에 참여하게 해 작업 과정에 대한 이해를 높이는 것은 물론 흥미를 갖게 할 수도 있고, 동시에 미래의 고객까지 발굴할 수 있다.

현재의 비즈니스에서 다음 비즈니스까지
생각해 고객을 만드는 법

고맙게도 지금까지 나는 전국에 걸쳐서 1,500회 이상의 강연을 해왔다. 강연료를 받고 교통비 등의 경비도 전부 주최 측에서 부담해 줬기 때문에 강연 활동만으로도 충분히 비즈니스가 성립됐다. 그러나 이는 내 목표가 아니었다. 그래서 '내 강연에 흥미를 느낀 모든 사람을 이번에는 내가 주최하는 세미나에 참석하게 하고 싶다'는 목표로 세미나를 개최했다.

현재 1년에 열 번 정도 세미나를 열고 있는데, 참가비 2만 엔 (약 21만 원) 상당의 세미나에 연간 3,000명 정도가 참석하고 있다. 어림잡아 대충 계산해 봐도 1인 기업에게는 꽤 괜찮은 매출 규모다.

하지만 이것도 내 목표는 아니다. 나는 세미나에 참가한 사람들 중 일부 고객과 계약을 체결하고 컨설팅을 진행한다. 컨설팅 비용은 수십 만 엔에서 수백 만 엔까지 다양하다. 이 또한 아주 훌륭한 비즈니스다.

그런데 이것도 내 목표가 아니다. 컨설팅 후 그룹 연수를 맡을 때도 있고, 그 회사에 출자해 주주가 되는 경우도 있다. 합판 회사를 만들어 공동 경영을 한 사례도 있고, 사내 강사 육성에 관여한 적도 있다.

이렇듯 비즈니스란 다음에 할 비즈니스를 발굴하기 위해 실시하는 것이다. 앞에서 '고객은 개척하는 것이 아니라 기존의 관계를 돈독하게 유지하는 것'이라고 말했는데, 특히 1인 기업의 경우 이런 발상이 더 중요하다.

가령 채소 가게라면, 목표를 채소를 판매하는 데만 둘 것이 아니라 '채소를 판매하는 비즈니스 다음에 어떤 비즈니스를 조합할 수 있을까?'를 인식해야 한다. 그렇게 인식하는 것만으로도 여러 가지 기회가 생기게 된다.

'가게 옆에서 우리 채소를 이용해 스무디를 만들어 파는 가게를 열어 보면 어떨까?'
⇨ '스무디를 마시고 집에서도 만들어 마시고 싶어 하는 사람들

을 위해 하루 분량의 재료가 들어 있는 채소 세트를 만들어 판매하거나 스무디 만들기 교실을 열어도 좋을 것 같은데!'

⇨ '그렇다면…'

즉, 지금 하고 있는 비즈니스는 다음 비즈니스의 소재와 잠재 고객을 찾는 과정이라는 사실을 기억하자.

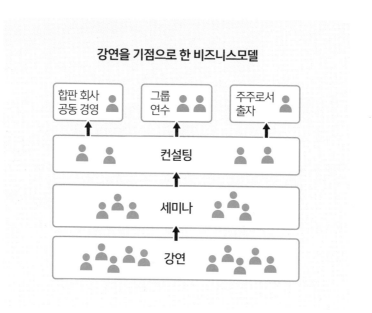

강연을 기점으로 한 비즈니스모델

절대 망하지 않는 회사를
만드는 방법이 있다

1인 기업을 창업한 이후 '재고 제로', '선입금'이 가능한 비즈니스 모델을 만드는 데 가장 많은 시간을 들였다. 나에게는 재고나 외상매출금을 관리하는 데 쓸 시간이 없었다. 또 자유를 찾아 애써 1인 기업을 창업했는데, 팔리지 않고 남은 재고를 처분하기 위해 골머리를 썩거나 입금이 늦어지는 거래처에 연락하는 일 등에 얽매이고 싶지 않았다.

그리고 무엇보다 창업할 때 '도산할 가능성'을 제로에 가까운 상태로 설정해 두었다. 회사가 도산하는 이유는 딱 하나다. '돈이 없기 때문'이다. 그 위험을 최대한 낮추기 위해서라도 '재고 제로', '선입금'이 가능한 비즈니스 소재를 찾는 데 몰두했다. 그렇

자금 조달 악화를 방지하기 위한 전략

 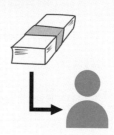

'재고 제로'와 '선입금'을 고집하자!

게 해서 시작한 것이 강연·세미나·컨설팅 사업이었다.

강연·세미나·컨설팅 사업의 경우는 나 자신이 바로 상품이기 때문에 당연히 재고를 보유하지 않아도 된다. 설비도 필요 없다. 실제로 비즈니스를 처음 시작했을 때 내게는 컴퓨터 한 대밖에 없었다.

내가 직접 개최하는 세미나는 신청할 때 수강료를 먼저 입금하게 시스템화해 놓았다. 책을 출판하고 어느 정도의 강연 실적이 쌓인 다음에는 강연이나 컨설팅도 기본적으로 신청과 함께 바로 입금하게 하는 방식을 취했다. 선입금하도록 시스템화해 놓으면 고객은 그것을 자연스럽게 받아들인다. 그리고 이렇게 하면 도산하기 어려운 회사로 자리 잡게 된다.

다시 한번 말하지만 기업을 위기에 빠뜨리는 중요한 요소는 '자금 조달 악화'다. 따라서 그 원인을 제공하는 과다 재고와 외상매출금 미회수 문제를 사전에 해결해 놓으면 그것만으로도 경영자는 안심하고 본업에 매진할 수 있게 된다. 소매업의 경우에는 '주문 생산', 서비스업의 경우에는 '예약·선금제' 등 최대한 '재고 제로', '선입금'을 실현할 수 있는 방법을 비즈니스에 도입하도록 하자.

1인 기업 사장이 4번 타자보다 감독이 되어야 하는 이유

앞에서도 말했지만 나 같은 1인 기업 사장이 프리랜서와 다른 점은 1인 회사일지언정 한 법인의 경영자라는 점이다. 자연인으로서가 아니라 법인의 조건을 갖춘 기업인 경우에는 유사시 양도 및 매각을 할 수 있다.

이런 말을 하면 "자기가 만든 회사를 팔다니!", "애착을 가지고 회사를 착실하게 성장시키는 게 경영자의 의무 아닌가!"라고 말하는 사람들도 있을 듯하다. 그 생각을 부정하려는 것은 아니다. 애정을 가지고 회사를 성장시켜 가야 한다는 생각에는 이의가 없다.

그러나 만약 어떤 이유로 그 비즈니스를 존속시키지 못하게된 상황이라면 어떻게 해야 할까? 가족 문제, 건강 문제, 금전 문

이익을 확실하게 내는 '비즈니스모델' 대공개

제 등 인생에는 예상치 못한 변수들이 있기 마련이다. 만약에 프리랜서라면 이런 변수가 발생하는 순간 비즈니스를 지속할 수 없고, 수입도 끊기고 말 것이다.

그런 이유로 1인 기업이라면 유사시 양도, 매각을 할 수 있는 비즈니스를 만들라고 권한다. 즉, 사장 개인의 능력에 의존하지 말고 어떤 상황에서도 확실한 수익을 창출할 수 있는 비즈니스 모델을 구축하라는 뜻이다.

컨설팅 회사를 예로 들면, 컨설턴트라는 속인적屬人的 요소가 강한 업무는 컨설턴트인 사장이 빠지는 순간 더 이상 기능을 하지 못하게 된다. 그래서 나 같은 경우는 외부 강사에게 강좌 운영을 부탁하거나 따로 로열티 수입을 확보할 수 있는 시스템을 만드는 등 내가 직접 컨설팅이나 강의를 하지 않더라도 수입이 발생하는 비즈니스모델을 구축해 놓았다.

나의 또 다른 1인 기업인 세미나 및 강연 강사 육성 회사 역시 내가 직접 일하지 않아도 돌아가는 구조를 구축해 놓았다.

'1인 기업 사장=에이스이자 4번 타자'라고 생각하는 사람이 많은데, 사실 이는 매우 위험한 구조다. 외부 파트너나 시스템을 적극적으로 활용함으로써 1인 기업의 사장은 에이스이자 4번 타자가 아니라 감독이 되기 위한 지혜를 짜내야 한다.

4장

1인 기업만
할 수 있다.
매출 쑥쑥!
영업 전략

내 모든 걸 합리화하는
함정을 피해 가는 법

사업을 하는 사람이라면 반드시 기억해야 할 점이 있다. 그것은 '사람은 경제적 합리성만으로 움직이지 않는다'는 것이다. 경제적 합리성이란, 쉽게 말하면 '사람은 자신에게 경제적 이익이 가장 큰 선택을 한다'는 의미이다.

이 경제적 합리성이라는 것은 매우 성가신 존재다. 대부분의 사람들이 '경제적 합리성'을 추구해 가격을 매기거나 서비스를 제공하려고 하는데, 자칫 경제적 합리성만 추구하다가 낭패를 보는 경우도 많기 때문이다.

예를 들어 똑같은 상품을 판매하는 두 가게가 나란히 있다고 하자. 상품은 물론 디스플레이나 그 밖의 다른 조건도 다 같은데

A 가게는 100엔(약 1,100원)에, B 가게는 80엔(약 900원)에 상품을 판매한다. 자, 이럴 때 과연 어느 가게의 상품이 더 잘 팔릴까?

'그야 가격이 저렴한 가게가 더 잘 팔리겠지.'

이렇게 생각하는 사람도 많을 것이다.

그런데 예를 들어 20엔(약 200원) 더 비싸게 파는 A 가게의 주인이 오래전부터 당신과 잘 알고 지내는 사이라고 하자. 얼마 전 건강이 안 좋아져 병원에 입원했다가 퇴원해 오늘부터 가게에 복귀했다는 얘기를 전해 들었다. 그렇다면 당신은 어느 쪽 가게를 이용하겠는가?

또 반대되는 상황도 있을 수 있다. 20엔 더 저렴하게 파는 B 가게 주인의 성격이 당신과 도무지 맞지 않고 느낌도 좋지 않은 사람이라면 어떻겠는가?

이럴 때 당신은 아마도 A 가게에서 상품을 구매할 것이다. 극단적인 예이기는 하지만 이것이 비즈니스 현장에서 일어나는 '경제적 합리성'을 무시하는 사람의 행동이다.

그렇다면 왜 이런 현상이 일어나는 것일까?

그 이유는 사람의 의사는 감정에 의해 결정되기 때문이다. 위의 두 가게를 예로 들자면, 사람은 상품의 가격(경제적 합리성)보다 격려, 좋고 싫음이라는 감정에 의해 행동을 결정한다는 의미다. 즉, 비즈니스는 심리학이다!

따라서 사업을 하는 사람이라면 '어느 곳보다 저렴하게', '편리하게', '빨리'라는 경제적 합리성만 내세울 것이 아니라 고객이 당신에게서 사고 싶다는 감정을 갖게 하는 것이 중요하다. 여기에 주안점을 두고 적정한 가격을 제시해 상품을 구입하게 하는 전략을 세워야 한다.

큰 고객이든 작은 고객이든
영업비용은 똑같다는 사실

뜬금없는 듯하지만 한 가지 질문을 하겠다. 지우개 한 개를 판매하는 것과 다이아몬드 반지 한 개를 판매하는 것 중 어느 쪽이 더 어려울까?

여기서 '당연히 다이아몬드를 파는 게 더 어렵지 않겠어?'라고 생각하는 사람은 주의해야 한다. 사회적으로 보면 확실히 지우개를 필요로 하는 사람이 압도적으로 많을 테니 지우개를 살 사람을 찾는 것이 더 쉬울 것이다. 그러나 이는 그렇게 단순한 문제가 아니다.

영업이나 판매 순서라는 관점에서 생각해 보자.

1인 기업만 할 수 있다. 매출 쑥쑥! 영업 전략

원하는(원할 것 같은) 고객을 찾는다.

⇨ 그 사람이 직접 찾게 한다. 그 사람에게 접근한다.

⇨ 구매하게 한다.

약간의 차이는 있겠지만 다이아몬드든 지우개든 판매 과정은 위와 같이 동일하다. 물론 고가의 상품일수록 그 상품을 필요로 하는 고객을 찾는 데 더 많은 수고와 시간이 들어가는 것은 사실이다. 하지만 가격이 만 배 비싼 상품이라고 해서 수고가 만 배 더 들어가는 것은 아니다.

또 앞에서 고객은 개척하는 것이 아니라 기존의 관계를 돈독하게 유지하는 것이라고 말했듯이 단골 중심의 영업을 하면 고가의 상품을 판매하는 데 들어가는 비용은 저가의 상품을 파는 데 들어가는 비용에 점점 더 가까워진다. 실제로 내가 주최하는 5,000엔(약 5만 3,000원)짜리 세미나와 50만 엔(약 530만 원)짜리 강좌를 영업하는 데 드는 비용은 거의 같다.

필요로 하는 사람이 많은 만큼 '팔기 쉽다'는 생각에 저렴한 상품을 사업 품목으로 정하려고 하는 사장들도 있는데, 잠깐 다시 생각해 보자. 상품 가격이 저렴하다는 것은 그만큼 이익도 적다는 뜻이다. 다시 말해 팔기 쉬울 거라고 생각하는 상품으로 만족할 만한 이익을 내기 위해서는 얼마나 많이 팔아야 할지를 생각해 봐야 한다.

요즘에는 인터넷을 통해 편리하게 판매할 수 있는 시스템이 갖춰졌다지만, 고객 대응, 납품, 입금 관리 등의 일은 고객 수에 비례해 증가한다는 사실을 간과해서는 안 된다.

1인 기업은 팔기 쉬울 거라고 생각하는 단가 낮은 상품을 무턱대고 팔아댈 것이 아니라 용기를 내서 이익이 많은 상품을 개발·발굴해 판매해야 한다.

만약 상품 개발부터 시작한다면 이익이 많이 남는 상품을 만드는 요령을 알려주겠다. 이때는 반드시 '상품과 서비스가 결합된 상품'을 만드는 것이 요령이다. '상품'에는 원가가 드는데 '서비스'에는 상품만큼의 원가가 들지 않기 때문에 이익률을 높일 수 있다.

예를 들어 음식점을 차려서 1인당 3,000엔(약 3만 2,000원) 하는 음식을 판매하는 경우라면 음식과 함께 파티 기획 및 연출이라는 서비스를 결합해 판매할 수 있을 것이다. 또 의류 사업을 하는 경우라면 스타일링 서비스를 추가할 수도 있을 것이다. 고객 개인의 스타일리스트가 되어 맞춤형 스타일링을 해 주는 것이다.

영업을 할 때
절대로 해서는 안 되는 5가지

영업을 할 때 적자를 내지 않기 위해 절대로 하면 안 되는 것들이 있다.

전략 없는 특가 이벤트는 사절

앞에서 20대 초반에 음식점을 경영하면서 저질렀던 나의 실수를 털어놓았었는데, 그 실수는 지금도 트라우마로 남아 있다.

음식점을 하면서 고객 수를 늘리기 위해 생맥주를 100엔(약 1,100원)에 판매하는 이벤트를 했는데, 그때까지 본 적 없는 수많은 고객이 몰려와 가게는 연일 만원이었다. 그러나 월말에 결산

결과를 본 후 경악을 금치 못했다. 고객은 그 전보다 일곱 배나 늘었지만 적자 또한 100만 엔(약 1,100만 원) 가까이 늘었던 것이다. 믿어지지 않았지만 그것은 부정할 수 없는 사실이었다.

고객이 주문하는 주류 중 90퍼센트가 생맥주였던 데다 한 사람이 다섯 잔 이상 마신 경우도 부지기수였고, 열 잔 이상 마신 사람도 있었다. 세 사람이 와서 맥주 열아홉 잔에 음식은 풋콩과 절임 모듬만 시킨 경우도 있었고, 여덟 명이 맥주 총 마흔두 잔에 감자튀김과 풋콩 두 접시만 시킨 경우도 있었다.

그 전까지 우리 가게에서 맥주는 주류 매출의 30퍼센트를 차지했었고, 나머지 70퍼센트는 소주나 청주, 소프트드링크 등이었다. 그래서 '30퍼센트를 차지하는 맥주에서 적자가 나더라도 나머지 주류 매출로 보충하면 돼', '맥주 가격이 싼 만큼 음식 매출이 늘어날 거야'라고 생각하고 시작한 이벤트였는데, 그 결과는 참혹했다.

요점은 맥주 가격이 싼 우리 가게에 맥주를 좋아하는 고객들이 몰려들었는데, 그들은 이미 다른 음식점에서 식사를 마친 상태였다는 것이다. 1차에서 다른 음식으로 배를 채우고 2차, 3차로 맥주 파티를 하기 위해 우리 가게를 이용했던 것이다.

확실히 많은 고객이 이용해 준 덕에 가게의 인지도는 올라갔지만 이벤트가 끝나자 그 많던 고객 중 대부분은 가게에 다시 찾아오지 않았다.

　당연히 그 후의 전략이 준비돼 있지 않았기 때문에 우리 가게에 남은 것은 한창 바쁠 때 뽑았던 많은 아르바이트생들에게 지급해야 할 급여 목록과 '어, 생맥주가 100엔이라더니 아닌가요?'라고 묻는 고객들의 질문뿐이었다.

　따라서 규모의 싸움을 할 수 없는 1인 기업에게 저가 전략은 금기사항이다. 저렴한 가격으로 호소할 것이 아니라 가치를 알아봐 주는 소수의 고객에게 집중하는 것이 현명한 방법이다.

절대 무료로 일하지 않는다

'첫 상담 무료!', '무료 견적 제공!'이라며 영업하는 것을 본 적이 있을 것이다. 이런 작전을 어떻게 생각하는가? 혹시 당신도 고객 상담이나 견적서, 제안서 등을 요청할 때 첫 회는 무료로 제공받는 것이라고 인식하고 있지 않은가?

　이런 인식을 가진 상태에서 비즈니스를 시작하는 것은 앞에서 말한 저가 전략을 쓰는 것만큼이나 위험하다고 할 수 있다. 그럼 어떤 점이 위험할까?

　이 또한 내 쓰디쓴 실패 경험을 예로 들어 설명하겠다.

　시스템 개발 회사를 경영했을 무렵의 일이다. 당시 우리 회사

홈페이지에는 '견적 무료. 궁금하신 점은 언제든 마음 편히 문의하세요'라고 적혀 있었다. 어느 날 홈페이지로 문의가 하나 들어왔다.

'인터넷 통신 판매를 시작하고 싶은데, 판매 페이지와 주문 처리 시스템 제작을 의뢰하고 싶다. 비용은 얼마나 드는가?'라는 내용이었다.

시스템 구축과 관련된 견적을 대략적으로라도 뽑으려면 일단 어떤 시스템을 만들 것인가를 명확하게 알아야 한다. 그러려면 당연히 고객과 미팅을 하거나 이메일 등을 통해 소통해야 하고, 가설계를 하며 시험 계산도 해봐야 한다. 그만큼 시간도 많이 든다.

우리는 이런 과정을 거쳐 견적서를 요청 받은 지 한 달 만에 견적서와 제안서를 고객에게 보냈다. 그랬더니 고객은 '예상보다 비용이 많이 드는 것 같아 그만두겠다'고 했다. 그리고 그걸로 끝이었다. 한 달에 걸쳐 미팅하고 자료 찾아가며 그 고객에게 맞는 견적서를 만들었는데, 매출은 전혀 없었다. 모든 노력이 수포로 돌아가고만 것이다.

따라서 1인 기업은 절대 무료로 일하면 안 된다. 이런 식으로 일하면 자금이 금방 고갈되고 만다.

그런 이유로 지금은 시스템 개발이나 디자인, 컨설팅 등 단가가 정해져 있지 않은 비즈니스의 경우에도 전부 유료로 견적을 내준다. 견적 요청을 받으면 고객과 사전 미팅을 하는 자리에서나 일에 착수하기 전에 견적비와 조사비를 받는 취지에 대해 먼저 설명한다. 견적을 내는 데도 시간과 에너지가 들뿐더러 필요한 자료를 조사하고 가설계를 하는 과정에서도 비용이 발생하기 때문에 고객이 납득할 만한 금액을 책정해 미리 고객에게 공지하고 있다.

이렇게 하자 홈페이지나 주변의 소개로 들어오던 문의 건수가 5분의 1로 줄어들었다. 하지만 매출과 이익은 한층 증가했다. 그전까지는 문의 건수 대비 계약 성공률이 30퍼센트 내외였는데, 현재는 유료 견적 건수 대비 계약 성공률이 거의 100퍼센트에 가깝기 때문이다.

결론은 진지하게 구입할 의사가 있고, 구입할 것을 전제로 문의하는 고객에게만 정성껏 대응하자는 것이다.

무차별적인 상품 홍보는 금물

1인 기업이라면 SNS나 이메일 등으로 한꺼번에 상품 홍보 관련 메시지를 발송하는 영업 방식에 대해 한번쯤 검토해봤을 것이다. 인터넷이 발달한 요즘, 거절당할 위험 없이 얼굴을 볼 수 없는 상대에게 무차별적으로 상품을 홍보할 수 있고, 누구나 쉽게 할 수 있기 때문에 이런 방식을 선호하는 사람이 많다.

그러나 단언컨대 이 방법은 효율이 가장 낮고, 신뢰가 크게 훼손되는 영업 기법이다. 그러니 이런 방식으로는 절대 영업을 하지 말기를 당부한다.

효율이 낮은 이유에 대해서는 소비자 입장에서 생각해 보면 바로 이해가 될 것이다. SNS로 친구 신청이 들어와 승낙했더니 곧바로 상품 안내 메시지가 도착했다. 업무와 관련된 한 모임에서 명함만 교환한 사람이 뜬금없이 세미나 안내 메일을 보내왔다. 이런 상황이라면 당신은 어떤 느낌이 들겠는가?

만약 당신이 1,000명의 어렴풋이 아는 사람에게 이런 식의 메일을 보냈다면 1,000명이 당신이 느끼는 것과 같은 감정을 갖게 될 것이다. 하지만 그 사람들이 눈앞에 있는 것은 아니기 때문에 어떤 반응을 보이는지 당장은 알 수가 없다. 그런데 이런 방법을 여러 차례 반복해서 사용하면 어떻게 될까? 그 결말은 생각만 해도 아찔하다.

고객이라는 존재는 무작정 돌을 던지는 방식으로 잡을 수 있는 것이 아니다. 애초에 영업이라는 것은 신뢰를 바탕으로 당신에게서 구매하고 싶다는 마음으로 고객이 직접 뛰어드는 환경을 만드는 활동인 것이다.

모임의 취지에 맞지 않는 영업 활동은 NO!

한 회사의 경영자라면 이업종 간에도 교류를 하곤 하는데, 이런 모임은 어디까지나 순수하게 '교류'하는 것이 주된 목적이다. 경영자들끼리 모여 그들만이 공감할 수 있는 주제로 대화의 꽃을 피우는, 그야말로 사교의 장이다.

그런데 이런 자리에서 가끔 모임의 성격과 관계없이 자신의 회사나 상품을 홍보하는 사람이 있다. 적극적이고 열정이 많은 사람이라고 볼 수도 있지만, 교류의 목적이 상품 홍보나 상담이 아니라면 모임의 취지가 훼손되는 것은 물론 다른 사람들을 불쾌하게 만들 수 있다. 그런 사람이 있으면 모임은 금세 변질되고 쇠퇴의 길을 걷게 된다.

그런 이유로 주최자도 모임의 취지와 다른 영업 행위를 하는 사람은 꺼린다. 주최자에게 그런 인상을 심어주면 당신의 인간관계뿐 아니라 일에도 악영향을 미치게 된다.

1인 기업 사장이라면 더욱 주의해야 한다. 경영자들끼리 교류하는 자리에서 '신제품이 어떻고', '캠페인이 어떻고' 말하는 것만큼 촌스러운 일은 없다. 시간이 흐른 후 자연스럽게 사이가 가까워졌을 때 '그러고 보니 ○○ 씨는 어떤 일을 하나요?'라고 묻는 정도가 딱 좋다. 나 같은 경우에는 실제로 그런 식으로 자연스럽게 얘기가 나와 벌써 15년째 거래를 하며 가깝게 교류하는 기업가가 있다.

이처럼 영업을 하는 자리가 아니라면 절대 상품 홍보나 영업을 해서는 안 된다. 당신과 당신 상품의 품위가 떨어지는 것은 물론 당신에게 힘이 되어 줄 사람까지 잃게 된다는 것을 기억하자.

무조건 충성하는 자세의 영업은 지양

매출을 늘리고 싶은 나머지 자기도 모르게 저지르는 실수가 있는데, 바로 '무조건 충성하는 자세'의 영업을 하는 것이다. 고객을 '왕'으로 섬기면서 자기 스스로 고객의 요구에 다 맞춰주는 영업 방식이다.

이렇게 영업을 하면 고객도 많이 확보하고 매출도 늘 것 같지만, 사실 이런 방식은 절대 오래 지속할 수가 없다. 나의 또 다른 실패담을 소개하겠다.

시스템 개발 회사를 경영할 때의 일이다. 당시 우리 회사는 한 대기업과 일을 하게 되었는데, 매출을 올릴 요량으로 우리는 나와 비슷한 또래였던 대기업 담당자를 '무조건 충성하는 자세'로 대했다.

함께 일하게 되면서 담당자는 우리가 제시한 납기일을 당겨달라고 요청해 왔다. 대기업이라 보수가 꽤 만족스러웠기 때문에 그 요구에 그저 "열심히 하겠습니다"라고 대답하고 철야 근무도 마다지 않고 납기일을 맞추었다. 겨우겨우 납기일에 맞춰 납품을 하자 또 다른 일을 맡겼고, 그러면 우리는 무조건 충성하는 자세로 다시 주문을 받았다. 그런데 이렇게 무조건 충성하는 게 당연해져서 나도 담당자도 점점 거기에 익숙해져 갔다.

그러던 어느 금요일, 그 대기업 담당자는 난데없이 작업 사양을 변경하기로 했다며 급하게 설계도가 필요하다고 했다. 나는 평소처럼 "저희 회사에서 만들겠습니다"라고 말했다. 그 말에 상대방은 "그럼 월요일 아침까지 부탁해요"라고 했다. 금요일에 발주해 월요일까지 납품하라는 것이었는데, 그때도 나는 당연하다는 듯 "네, 알겠습니다"라고 대답했다.

이것으로 힘의 관계가 완벽하게 정립되었다. 그 전에도 충성을 다해 왔지만, 그때부터는 24시간 365일 그의 주문에 응답할 준비가 돼 있는 사람이 되고 말았다.

이 경우에는 그나마 상대가 대기업이고 예산이 넉넉했으며, 담당자가 여러모로 우리 회사를 챙겨준 점 등 장점도 많았다. 그러나 이렇게 서열식으로 관계가 정립되고 나면 그 사람은 더 이상 한 기업을 이끄는 사장의 자세를 유지하기 어렵다. 무엇보다 '하청업자의 마인드'를 갖게 되는 것이 가장 무섭다. 상대방이 부르는 값에 그가 요구하는 대로 일을 맡고 납품하게 되는 것이다.

1인 기업은 절대 이런 자세로 일하면 안 된다. 자칫 잘못하면 평생 하청업자 신세를 면치 못하게 될 수도 있다.

고객이 기어코
주문하게 하는 법

내가 이 글을 쓰기 위해서 사용하고 있는 컴퓨터, 조금 전 서류를 스캔한 스캐너, 몇 시간씩 앉아 있어도 피곤하지 않은 사무용 의자, 이 원고를 집필하고 있는 사무실 등은 일할 때 내게 꼭 필요한 것들이지만 이 중 영업 사원이 전화나 방문을 통해 사달라고 요청한 것은 하나도 없다. 다 내가 필요해서 직접 정보를 찾아보고 구입하거나 계약한 것이다.

사람은 보통 '영업 활동을 당하는' 걸 부정적으로 인식하기 때문에 정말로 딱 좋은 타이밍에 제안 받는 경우를 제외하고는 대부분은 반사적으로 거절한다.

예전에 소비자 가격이 100만 엔(약 1,100만 원)에 달하는 OA

기기를 판매한 적이 있는데, 제품을 소개한 자리에서 곧바로 구매 결정을 한 고객은 100군데 회사 중 한 군데 정도로, 몇 달에 한 건 있을까 말까 한 수준이었다. 즉 상담 약속을 잡은 100곳의 기업 중 한 곳 정도의 비율로 계약이 성사됐기 때문에 판매 수익 또한 매우 낮았다.

단가 높은 상품을 조직적인 영업망을 이용해 판매하는 것이라면 모를까, 1인 기업에게 이런 영업 전략은 매우 위험한 선택이다. 그래서 내가 추천하는 방법은 '밀어내기식 영업'이 아니라 '당기기식 영업'이다. 고객이 원한다고 느끼는 순간 바로 당신의 상품을 안내하는 구조를 구축하는 것이다. 이는 상품을 PR하지 않고 판매하는 영업 전략이다.

이 당기기식 영업 전략을 실시하기 위해서는 선행되어야 할 것이 있다. 고객이 그 상품을 언제 어디에서 필요로 하는가를 알아야 한다는 것이다.

아파트나 주택 등 보통의 가정집 대문 손잡이에서 '열쇠 고장 시 TEL: ○○○-○○○○'라고 쓰인 스티커를 본 적이 있을 것이다. 그뿐 아니라 나의 부모님 집 냉장고에는 '수도가 고장 나면 TEL: ○○○-○○○○'라고 쓰인 자석으로 된 스티커가 붙어 있다. 이런 스티커야말로 고객이 언제 어디에서 그 상품을 필요로 하는가를 정확하게 간파한 당기기식 영업용 도구라 할 수 있

당기기식 영업 도구

고객이 언제 어디에서 당신의 상품을 필요로 할지 생각해 보자!

다. 현관 앞에서 열쇠를 분실한 사실을 알았을 때, 싱크대 수도꼭지가 고장 났을 때 그 자리에서 바로 상품을 구매할 수 있게끔 한 기막힌 영업 전략인 것이다.

나도 예전에 음식점을 경영하면서 대나무 통 모양의 큰 재떨이를 만들어 공사 현장이나 기업의 흡연실에 배포한 적이 있다. 내가 왜 그렇게 했는지 여기까지 읽은 사람이라면 그 이유를 알 것이다.

1인 기업이라면 이처럼 고객이 언제 어디에서 그 상품을 필요로 할까를 치열하게 궁리해야 한다. 그리고 그 장소에 당신의 상품을 연상케 하는 도구를 배치할 수 있다면 당신의 영업 성공률은 한층 높아질 것이다.

당신이 팔지 않는 상품을
고객이 무슨 수로 사게 할까?

한 손님이 어느 날 "아, 이 가게는 단체 손님 받나요?"라고 물었다. 아차 싶었던 나는 다음 날부터 가게 안팎에 '15인부터 단체 예약 OK!'라는 안내문을 붙였고, 그 후로 단체 손님 예약이 조금씩 들어왔다.

여기서 중요한 것은 그 전까지 고객들은 우리 가게에서 '단체 손님 예약 서비스'라는 상품을 팔고 있다는 사실을 몰랐다는 점이고, 이후 고객에게 상품에 대해 알려 고객 머릿속에 '아, 이런 상품도 있구나'라고 인지하게 함으로써 상품에 대한 판매를 유도했다는 점이다.

이 사례를 통해 내가 말하고 싶은 것은 상품은 '팔아야 팔린다'는 사실이다. 말장난 같지만 이는 매우 중요한 얘기다. 고객에게 당신이 가지고 있는 상품에 대해 최대한 알리고, 그것을 구매하게 하는 전략을 적극적으로 구사해 보자.

또 한 가지 중요한 것은 직접적으로 PR하지 않고 상품을 파는 것이다.

가게에서 단체 손님 예약을 받기 시작한 이후 단체 예약이 있는 날이면 가게 앞에 '오늘은 단체 손님 예약으로 일반 손님은 22시 이후 받습니다'라고 써 붙였다. 또 가끔은 블로그에 이와 관련된 글을 올렸는데, '단체 예약 받습니다'라고 하는 대신 '오늘은 단체 손님들로 가게 분위기가 최고였습니다'라고 올렸다. 이런 방식은 직접적으로 PR하지 않으면서 주변에 단체 손님 예약을 받고 있고, 손님들의 만족도도 높다는 사실을 인지시키는 데 효과적이다. 이것이야말로 '팔지 않고 파는 전술'이다.

나만의 영업 비밀,
'고객의 미래'까지 생각하려면

얼마 전 출장지에서 실제로 있었던 일이다. 그날은 왠지 모르게 카레가 꼭 먹고 싶었다. 점심시간에 낯선 거리를 어슬렁거리다가 카페를 하나 발견했는데, 마침 가게 앞에 게시된 메뉴판에 카레 메뉴가 있었다. 그러나 나는 그 가게에 들어가지 않고 바로 옆에 있는 메밀국수 가게에서 국수를 먹기로 했다.

자, 대체 무슨 일이 일어난 것일까?

사실 그 카페에는 출입문을 제외하고는 내부 분위기를 알 수 있는 창문이 하나도 없었다. 큰 짐이 있었기 때문에 '카페 안이 좁으면 어쩌지?', '손님이 많아서 내 짐 때문에 방해가 되면 어쩌지?' 하는 걱정이 들었던 것이다.

한편 옆에 있던 메밀국수 가게는 창문을 통해 내부가 환히 들여다보였다. 순간 '아, 저 가게는 이렇게 큰 짐을 들고 들어가도 번잡스럽지 않겠네. 저쪽 공간이 충분하니 저기 앉으면 되겠어'라는 생각이 확 들었던 것이다. 그렇게 나는 카레가 먹고 싶은 마음에도 불구하고 메밀국수 가게로 가기로 결정했다.

즉, 고객은 아무리 원하는 것이 있더라도 그것을 손에 넣기 전까지 자신의 가까운 미래를 예측할 수 없는 상황에서는 구매를 주저하고, 때로는 구매하려는 마음을 접고 만다.

따라서 1인 기업이라면 상품이나 서비스를 어필하는 것만큼이나 고객이 그 상품을 구매하기 전에 가까운 미래를 스스로 그려 볼 수 있도록 힘껏 노력해야 한다. 앞에서 말한 카페의 경우, 창문을 만들기는 어렵겠지만 바깥에 카페 내부의 사진이라도 한 장 걸어놨더라면 나의 선택은 달라졌을 것이다.

가까운 미래를 스스로 투영할 수 없는 탓에 상품 구매를 포기하는 고객은 상상 이상으로 많다. 그만큼 고객에게 상품에 대한 정보를 충분히 제공하는 것이야말로 계약 성공률을 높이는 방법이다.

컨설팅이라는 서비스의 경우도 마찬가지다. 어떤 내용으로 컨설팅하는지를 고객에게 제공하는 것이 가장 중요하지만, 그와 함께 문의를 받은 이후 어떤 정보를 주고받고 어떤 과정을 거치게

1인 기업만 할 수 있다. 매출 쑥쑥! 영업 전략

되는지, 언제쯤 계약하고 어느 시점에 입금해야 하는지, 각 과정이 어디에서 어떻게 진행되는지 등을 사전에 미리 알려줄 때 고객은 구매하겠다는 의사 결정을 더 쉽게 한다.

어떻게 고객의 미래를 생각해 줄까?
그 3가지 열쇠

그렇다면 고객이 당신의 상품을 통해 미래를 투영하게 하기 위한 방법을 몇 가지 소개하겠다. 이 관점에서 당신이 취급하는 상품의 홍보용 멘트나 홈페이지, 팸플릿, POP 등에 들어가 있는 문장들을 다시 한번 살펴보길 바란다.

주관의 언어는 이제 안녕!

'맛있다', '즐겁다', '멋지다', '아름답다', '예쁘다', '넉넉하다' 등의 형용사는 '주관의 언어'로, 어디까지나 그 말을 하는 사람의 감정을 드러내는 언어다. 이런 주관의 언어는 상대방의 머릿속에 명확한 이미지를 만들어낼 수 없다. 다시 말해 고객으로 하여금 자기 투영을 하게 하는 데는 적합하지 않은 언어다.

내가 "이거 맛있어요"라고 말할 경우 당신은 무의식적으로 '저 사람이 맛있다고 하는 것과 내가 맛있다고 하는 것은 다르다'라고 인식한다. 때문에 내가 말한 '맛있다'라는 이미지가 당신의 머릿속에서 재현되지 않는다.

그런데 사람들은 일상생활에서 형용사를 쓰는 데 너무 익숙해진 나머지 상품을 홍보하기 위한 전단지나 기업의 홈페이지, 대면 영업 등에서 자기도 모르게 형용사를 무척 많이 사용한다.

당신의 전단지나 팸플릿, 홈페이지에는 이런 형용사가 얼마나 있는가?

사실 상품을 판매하는 과정에서 형용사를 사용하면 안 되는 이유는 또 있다. 형용사를 사용하면 고객만족도가 떨어지기 때문이다.

예를 들어 '멋진 휴가를 즐기세요'라는 홍보 문구로 여행 상품을 판매한다고 하자. 그런데 이 문구에 사용된 '멋진'이라는 형용사에 판매자와 고객이 서로 다른 의미를 부여할 수도 있다. 판매자 입장에서는 느긋하게 아무것도 하지 않고 보내는 휴가가 '멋지다'고 생각할 수 있지만, 고객 입장에서는 그 의미가 반드시 일치하지 않을 수 있는 것이다. 어쩌면 '효율적으로 여기저기 구경하고 다니는 것'이 고객이 생각하는 '멋진' 휴가일 수도 있다. 이렇게 '멋진'에 부여하는 의미가 서로 다르면 고객은 여행 후 그 상품이 별로였다고 평가하게 될 수 있다.

이런 이유들로 비즈니스 현장에서는 형용사를 사용하지 않는 것이 좋다고 하는 것이다. 형용사 외에도 '반짝반짝', '매우', '가장' 등 주관적 의미의 부사를 사용할 때도 주의하도록 하자.

누구나 똑같은 이미지를 떠올리게 표현하라

대신 '객관적 사실'을 근거로 표현할 것을 권한다. 그중 가장 좋은 방법은 숫자를 이용해 표현하는 것이다. '10미터', '1리터', '100킬로그램' 등 숫자로 된 표현은 누구나 머릿속으로 똑같은 이미지를 떠올리게 할 수 있다.

예를 들어, '편의점이 가깝다'는 표현보다 '편의점까지 걸어서 3분', '넉넉한 아침식사'라는 표현보다 '골라 먹을 수 있는 반찬이 30가지'라고 표현할 수 있을 것이다. '맛있다'라는 표현 대신에 '고객 100명을 대상으로 한 설문조사에서 당당히 1위', '95퍼센트의 고객이 1등으로 꼽은 상품'이라고 소개할 수 있을 것이다. 이렇게 당신의 상품을 모호한 형용사, 부사 대신 숫자를 넣어 객관적으로 표현해 보자.

그러나 유감스럽지만 숫자도 만능은 아니다. '넓다'라는 모호한 표현을 배제하고 숫자를 넣어 '45헥타르'라고 표현했다고 하자. 이 헥타르라는 단위는 사람들이 일반적으로 쓰는 단위가 아닌 탓에 자기 투영을 하기가 어렵다. 이렇듯 일반적으로 쓰지 않는 단위가 나올 경우에는 '누구나 아는 것'으로 바꿔서 표현하는 것이 좋다. 예를 들어 넓이를 나타낼 때 '45헥타르'라는 표현 대신 '축구경기장 40개 넓이'라고 표현하는 것이다. 그밖에 '비타민C가 ○○○밀리그램'이라고 하는 대신 '레몬 ○개 분량'이라고 표현해 구체적인 이미지를 떠올리게 할 수 있다.

중요한 것은 고객에게 당신이 알리고 싶어 하는 이미지를 머릿속에 그릴 수 있게 하는 것이다.

'고객'이 주어가 되게 하라

모호한 표현을 피하는 것 외에 고객의 자기 투영을 촉진하는 효과적인 방법이 하나 더 있다.

한 가전제품 매장에서 똑같은 소형 음악 플레이어를 모양이 똑같은 두 개의 진열대에 각각 진열해 놓고 같은 가격에 판매하는 실험을 했다. 판매 조건은 모두 같았고 각각의 진열대에 게시한 POP만 달랐다.

- A 진열대: '좋아하는 음악을 언제든지 주머니 속에'
- B 진열대: '업계 최소 크기 실현! 깜짝 놀랄 만한 가벼움'

결과는 어땠을까? 이 실험은 한 달 동안 진행했는데, 실험 결과 한쪽 진열대의 매출이 다른 쪽 진열대 매출의 세 배에 가깝게 나왔다. 어느 쪽이 더 많이 팔렸을까? 정답은 A 진열대였다. 똑같은 제품, 똑같은 환경에서 POP에 적힌 문장만으로 이런 차이를 만들어냈던 것이다.

A 진열대에 적힌 '좋아하는 음악을 언제든지 주머니 속에'라는 문장의 주어는 '고객'이다. 반면 B 진열대에 적힌 문장의 주어는 '상품'이다. '좋아하는 음악을 주머니 속에'라는 문장을 통해 고객은 자신이 직접 음악 플레이어를 사용하는 이미지를 떠올릴 수 있다. 반대로 '업계 최소 크기 실현!'이라는 문장은 고객이 자신의 모습을 투영하게 할 수가 없다. 이렇게 자기 투영의 유무와 그 수준의 차이가 구매율의 차이로 나타났던 것이다.

상품을 판매하고자 할 때 상품 고유의 가치를 드러내기 위해 '상품'을 주어 삼아 설명을 풀어놓는 경우가 많은데, 그 주어를 '고객'으로 바꿔보자. 그 의미가 '이 상품은…'이라고 시작하는 문장이 아니라 '이 상품을 사용한 고객은…'이 되게 하는 것이다.

지금 당장 당신의 홈페이지나 팸플릿을 재검토해 보길 바란

1인 기업만 할 수 있다. 매출 쑥쑥! 영업 전략

다. 그뿐 아니라 프레젠테이션을 할 때나 영업을 할 때의 화법도 늘 '고객'이 주어가 되게 해야 한다.

고객과의 평생 거래액을
늘리는 4단계 전략

지금까지 시간과 자원이 한정된 1인 기업이 어떻게 영업을 해야 효율적으로 매출을 늘릴 수 있는지 설명했다. 그러나 이것만으로는 아직 부족하다. 지금까지 설명한 것은 어디까지나 '영업 전술'이다. 즉, 고객을 어떻게 개척할 것인지에 대한 구체적인 방법에 대한 이야기였다.

그래서 이번에는 '영업 전략'에 대해 이야기해 보려고 한다.

구체적인 방법보다는 '고객평생가치LTV: Life Time Value', 즉 한 번 거래를 시작한 고객과의 평생 거래액을 높이는 전략과 영업을 하면 하는 만큼 고객이 점점 늘어나게 하는 전략에 대해서 설명하겠다.

이런 전략 없이 영업을 하는 것은 말 그대로 '사냥형 영업'을 해야 한다는 말이다. 전략이 없으면 전술이라는 훌륭한 무기를 보유하고 있더라도 늘 고객이라는 사냥감을 찾아다녀야 하는 상황에 놓이게 된다. 따라서 돈이나 시간 등 자원이 부족한 1인 기업은 사냥과 농사를 조합한 '영업 전략', 영업을 하면 할수록 고객이 늘어나는 전략을 세워야 한다. 늘 사냥감을 찾아 이리저리 헤매야 하고 최악의 경우 사냥감 자체를 찾을 수 없어 수확이 전혀 없는 근심스러운 상황에 처하지 않으려면 말이다.

이를 위해서는 고객을 4단계로 분류해 각 단계별로 영업 활동을 실천해야 한다.

1단계: 사전 상품으로 잠재 고객 확보하기

이 단계에서는 앞으로 당신의 고객이 될 가능성이 있는 사람, 즉 잠재 고객을 발굴해 원래 판매하고 싶은 상품의 바로 전 단계에 있는 '사전 상품'을 구입하게 하는 것을 목적으로 한다. 첫 거래에서 바로 중심 상품을 판매하려고 하는 사람이 많은데, 그 중심 상품의 전 단계에 해당하는 사전 상품을 만들어 고객이 구입하도록 유도하는 전략이다.

대부분의 고객은 처음 구매하는 상품에 대해서는 덜컥 구입했다가 실패할까봐 걱정하는 경향이 있다. 이렇게 실패하고 싶지 않은 고객을 위해 시험용 상품이라고도 할 수 있는 '사전 상품'을 구매해 사용하게 해서 다음 단계로 나아가게 하는 것이다.

내가 진행하는 경영 컨설팅이라는 상품을 예로 들어 보자.

경영 컨설팅은 내가 판매하는 상품 중에서도 중심 상품으로, 비용이 몇 십만 엔(몇 백만 원)에 달한다. 그러니 아무리 경영 컨설팅에 관심이 있는 고객이라도 처음부터 고가의 컨설팅을 선뜻 구매하려고 하지는 않을 것이다.

나는 이런 고객들의 마음을 헤아려 '세미나'라는 사전 상품을 마련한다. 경영 컨설팅에 관심이 있는 고객을 세미나에 참가하게 해서 세미나 자체의 주제를 전달하는 동시에 나의 이론과 그동안의 실적, 인품 등을 짧게라도 경험하고 판단하게 하는 것이다.

여기서 중요한 것은 세미나 역시 유료라는 점이다. 세미나는 사전 상품이기는 하지만 그 자체로 비용이 책정된 하나의 상품으로, 무료로 배포하는 사은품과는 다르다.

사전 상품이라고 하면 무료로 배포할 거라고 생각하는 사람이 많은데, 유감스럽게도 무료로 배포하는 상품에 대해서는 큰 기대도, 별다른 가치도 느끼지 못하는 경우가 대부분이어서 그 후 중심 상품 판매로 이어질 확률이 뚝 떨어진다. 따라서 사전 상품을 준비할 때는 유료로 배포해야 하며, 유료인 만큼 그만한 가치가 있어야 한다.

사전 상품이 꼭 하나일 필요는 없다. 이를테면 나 같은 경우에는 세미나라는 사전 상품을 구입한 사람에게 '스폿spot 컨설팅'이라고 하는, 중심 상품의 사전 상품에 해당하는 또 다른 서비스를 제공한다. 즉, 컨설팅이 중심 상품이라면 스폿 컨설팅은 '중심 상품의 사전 상품'이고, 세미나는 '사전 상품의 사전 상품'인 것이다.

컨설팅 등 무형의 서비스뿐만 아니라 유형의 상품을 판매할 때도 마찬가지다. 고객에게 중심 상품을 판매하기 전에 사전 상품을 구입하게 하는 전략이 유용할지 면밀히 검토해 보고, 실효성이 있다고 판단되면 적극적으로 도입해 보자.

2단계: 신규 고객 개척하기

고객이 점점 늘어나게 하는 영업 전략에서 '고객 재방문 전략'은 빼놓을 수 없는 것이다. 그리고 고객 재방문 전략 가운데서도 가장 중요한 것은 2단계 '신규 고객 개척하기'다.

대부분의 사람들이 단골 만들기에 실패하는데, 거기에는 다 이유가 있다. 캠페인이나 할인 등을 통해 중심 상품을 투망 던지듯 휙 하고 헐값에 팔아 치우는 방식으로 단골을 확보하려고 하기 때문이다.

생맥주 100엔 이벤트로 단골을 잡으려고 했던 내 사례만 봐도 그렇다. '누구든지 좋으니 제발 사 주세요!'라는 생각으로 기획한 행사였는데, 그렇게 모여든 고객을 재방문하게 하려면 생맥주를 100엔에 계속해서 파는 수밖에 없다. 그렇게 되면 기다리고 있는 것은 지옥 같은 현실뿐이다. 엄청난 자금력과 체력이 있지 않은 한 이 방법으로 신규 고객을 개척하는 것은 추천하고 싶지 않다. 아니, 1인 기업은 절대 이런 방법을 쓰면 안 된다.

1인 기업은 '투망'을 쓰기보다 '외줄낚시'로 신규 고객을 개척해야 한다. 즉, 불특정 다수를 향해 투망 던지듯 하는 것이 아니라 처음부터 재방문해 줄 것 같은 고객을 찾아 외줄낚시를 하는 것이다. 그렇게 하면 저절로 고객의 재방문율이 향상된다.

이렇게 할 때 1단계에서 사전 상품을 이용하면서 그 기업의 상품에 신뢰를 갖게 된 고객이 중심 상품 고객으로 성장하게 할 수 있다.

그 밖에도 비즈니스는 인간 대 인간의 일이므로 성격 궁합도 중요하다. 뒤에서 다룰 정보 전달 방법 등을 활용해 그 상품이 니즈에 맞고 성격이나 생각까지 다 잘 맞는다고 평가한 고객과 신규 거래를 시작하는 것이다.

이렇게 하면 당장 눈앞에 보이는 매출은 감소할지도 모른다. 그러나 중장기적으로 봤을 때 이 신규 개척 단계의 성과로 비즈니스의 성공과 실패가 결정된다고 해도 지나치지 않다.

3단계: 한 명의 열광적인 팬 확보하기

1단계에서 사전 상품을 경험하게 하고, 2단계에서 상품이 니즈에 맞고 성격이나 생각이 일치하는 고객과 신규 거래를 시작했다면, 그중에서 반드시 최고의 단골 고객이 나타나게 된다. 즉, '당신이 파는 물건이라면 무엇이든 사겠다'고 하는 고객이 나타나는 것이다.

이 고객이야말로 1인 기업이 가장 중요하게 생각해야 하는 고객이다. 내가 경영하는 컨설팅 회사도 이 최고의 단골 회사 열 곳에서 얻는 매출이 전체 매출의 80퍼센트 정도를 차지한다. 창업 때부터 거래가 꾸준히 이어져 거래 햇수도 꽤 오래된 곳들이다.

세 곳 미만의 회사에 의존한다면 위험하겠지만 열 곳 정도의 단골 거래처를 보유하게 되면 금전적으로나 심리적으로나 매우 안정적인 상태에서 회사를 운영할 수 있다. 그러므로 이 열 곳의 회사에 온 힘을 다 쏟을 수 있는 선순환 구조가 구축된다.

사업가라면 항상 다음 비즈니스를 염두에 두고 있어야 하는데, 내 경우 다음 비즈니스 기회도 언제나 이 팬이나 다름없는 고객들에게서 나온다. 사실 내가 지금 컨설팅이라는 사업을 하고 있는 것도 예전에 했던 비즈니스의 단골 고객에게서 의뢰받으면서부터였다. 또 연수와 관련된 비즈니스도 그렇고, 현재 중심 사업으로 성장한 세미나 및 강연 강사 육성 사업도 원래 단골 고객이 '이런 일도 할 수 있나요?'라고 문의한 것이 계기가 되어 시작하게 되었다.

이렇듯 눈앞에 보이는 매출뿐만 아니라 지속적으로 비즈니스를 성장시키려면 이렇게 팬을 자처하는 단골 고객이 반드시 있어야 한다.

그런데 말이 쉽지 자기도 모르게 신규 고객에게 시선이 가는 것이 사실이니 늘 주의해야 한다. 만약 신규 고객의 문의와 단골 고객의 주문이 동시에 들어온 경우라면 의식적으로 후자인 단골 고객을 우선순위에 놓을 용기를 갖길 바란다.

이럴 때 신규 고객의 문의에 대해 '현재 여력이 없어서 최고의 퍼포먼스를 제공하지 못할 수 있습니다. ○개월 후부터는 여력이 생길 듯한데, 그때도 혹시 저희 서비스가 필요하시다면 다시 한 번 연락주시면 안 될까요?'라고 대응하도록 하자. 이 말을 들은 신규 고객은 비록 당장 당신과 비즈니스를 하지는 않더라도 분명 신뢰감을 갖고 당신을 기억하게 될 것이다.

4단계: 고객과의 관계를 씨실과 날실로 엮기

열혈 팬을 자처하는 단골 고객이 어느 정도 생기면 그 다음에는 단골 고객끼리 이어줄 수는 없는지 생각해 보자.

당신과 단골 고객의 관계는 거래라는 '날실'이다. 당신의 단골끼리 서로 이어지면 이것은 '씨실'이 된다. 날실만으로 이어져 있다가 실이 끊어지면 그 관계는 거기서 끝나고 만다. 하지만 날실에 씨실이 더해진 경우는 어느 순간 날실이 끊어지더라도 관계가 계속 이어진다.

이것을 현실화하기 위해서는 커뮤니티를 결성하면 된다. 제조사가 주축이 되고 판매점주들이 모여 만든 총회, 유명인사가 개설한 온라인 카페 등을 예로 들 수 있다.

컨설팅업에서는 비밀 유지의 의무가 있기 때문에 단골 고객끼리 커뮤니티를 형성하는 것이 현실적으로 어렵지만, 강사 육성 사업이나 세미나 사업과 관련해서는 온라인 카페를 운영하고 오프라인 모임을 주최하고 있다. 이렇게 하다 보니 나와 관계가 조금 소원해진 경우라도 커뮤니티 안에서 관계를 맺고 있기 때문에 커뮤니티가 유지되는 동안에는 인연이 완전히 끊기는 일은 없을 것이다.

또 커뮤니티가 활기를 띠게 되면 운영 주최자에 대한 신뢰가 쌓이게 되고, 그 과정에서 새로운 인연과 비즈니스가 파생되기도 한다. 실제로 나도 이렇게 커뮤니티를 유지하면서 여러 신규 비즈니스를 유치하기도 했고, 기존에 맺었던 계약을 장기 계약으로 연장하기도 했다.

상품이 팔리는 데는 다 법칙이 있다

상품이 팔리는 데는 법칙이 있다. 아래 그래프를 보자.

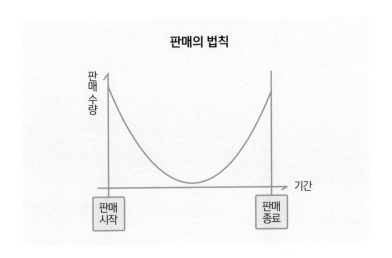

판매 기간을 가로축, 판매 수량을 세로축으로 하는 그래프에서 판매 수량이 V자를 그리고 있다. 상품 발매 시작 시점이 가장 잘 팔리는 시기이고, 거기에서부터 판매 수량이 조금씩 떨어진다. 그런데 이렇게 판매가 하락할 때 판매에 쏟던 에너지를 다른데로 돌리는 경우가 많은데, 정말 안타까운 일이 아닐 수 없다. 판매 종료 시기를 향해 가면서 다시 판매 수량이 늘어나기 때문이다. 이를 모르기 때문에 판매 수량이 심하게는 반 토막 나는 것이다.

세미나 고객을 모집할 때를 예로 들어보겠다. 접수 시작 일에 열 명이었던 신청자 수가 다음 날에는 여섯 명이더니 이후 세 명, 한 명, 0명으로 줄어들었다고 하자.

접수 현황을 지켜보다가 이때쯤 '총 40명 정도에서 마감되겠구나'라고 예상하고 신청 마감일까지 계속 홍보를 한다. 그 결과 40명 내외로 접수가 마감되며 예상과 딱 맞아떨어진다.

그런데 판매 수량이 V자를 그리며 다시 회복되기 위해서는 꼭 필요한 것이 있다. 그것은 판매를 종료하는 시기(날짜나 시간)이다. 'ㅇ월 ㅇ일에 판매를 종료합니다'라고 명확한 시기가 표기되지 않아 고객이 앞으로 언제든지 살 수 있다고 안심하게 되면 판매 수량이 다시 회복되기 어렵다. 따라서 앞으로 꾸준히 판매할 상품이더라도 'ㅇ월 ㅇ일까지만 이 가격으로 구입할 수 있습니다'라고 판매 종료 시기를 명확하게 설정해 놓는 것이 중요하다.

　그리고 이렇게 판매 종료 시기를 지정했다면, 종료 시점까지 계속해서 안내해 판매를 촉진하기 위해 노력하는 것이 상품 판매의 철칙이다.

5장

이익을 내는
1인 기업 사장의
시간 관리 비법
대방출

넘치는 자유를
기쁜 마음으로 받아들이는 법

앞에서도 말했지만 내가 생각하는 1인 기업의 매력은 뭐니 뭐니 해도 '조직에 얽매이지 않는 자유'다. 자신의 속도로, 자신의 생각대로 일할 수 있는 이상적인 업무 방식을 실현할 수 있는 것이다.

여기서 중요한 것이 있는데, 이런 자유를 누리기 위해서는 자신을 확실히 다스려야 한다는 것이다. 그런데 이런 말을 하는 나는 스스로를 잘 통제하는 사람인가 하면, 사실 그 반대다.

학창시절에는 여름방학 숙제를 개학하기 직전에 몰아서 한꺼번에 하거나 2학기가 시작된 후 부랴부랴 서둘러서 하는 유형이었고, 내버려 두면 바로 해이해져서 다루기 어려운 성격이었다. 부끄럽지만 20대 초반에 창업했을 때도 방만한 경영에다 프로젝트는 미루기 일쑤였고, 결심한 일의 절반도 실행하지 못해 손 쓸 수 없는 상황을 만든 적도 많았다.

그 결과 사업 실적은 자연스럽게 바닥을 기었고, 몇몇 사업은 어쩔 수 없이 다른 사람에게 양도하거나 폐업의 수순을 밟아야 했다.

정신 차리자고 다짐하며 마음을 바꿔 먹으려 했지만 사람의 성격이라는 것은 노력한다고 해서 그렇게 쉽사리 달라지는 것이 아니다. '노력해야지' 하고 결심했다가 실패 후 후회하고, 다시 '노력해야지' 하고 결심했다가 실패하고 후회하기를 반복하다가 실의에 빠지곤 했다. 그러면서 점점 자존심에 상처를 입고 '암흑기'를 보낸 적이 많다.

그래서 생각을 고쳐먹기로 했다. 성격을 바꾸는 것이 아니라 '반드시 해야만 하는 구조'를 만들어서 반드시 하게 만들기로 말이다. 다시 말해 그 전까지는 다짐과 근성으로 어떻게든 나 자신을 다스려 보려 했다면 그때부터는 나에게는 나 자신의 감정이나 욕심, 충동 따위를 스스로 이겨낼 만한 근성이 없다는 것을 인정하고, 그 대신 태도를 변화시킬 수 있는 구조를 이용해 문제를 해결해 보고자 한 것이다.

그 결과 실의에 빠지거나 후회를 반복하고 자존심을 다치는 일 없이 지금까지 사업을 이끌어올 수 있었다.

물론 나도 아직 한참 부족하지만, 1인 기업 사장이라면 이렇게 자신의 선천적으로 부족한 성격을 다스릴 방법을 터득하는 것이 무엇보다 중요하다.

1인 기업을 한다는 것

다른 사람의 시선을
철저히 이용하라

자, 이제부터 1인 기업 사장을 위한 자기 통제 방법에 대해 소개하겠다.

컨설턴트로 활동하고 있는 내가 이런 말을 하는 것은 좀 그렇지만, 처음 사업을 시작했던 20대 무렵에 나는 컨설턴트라는 사람들에게 회의적인 인상을 받았었다. 지금도 가끔 '컨설턴트에게 의뢰하고 싶지 않아. 조언 몇 마디 해주고 그렇게 비싼 돈을 받다니'라고 말하는 이들을 보는데, 그 당시의 나도 똑같이 생각했었다.

그러다 30대 때 만난 컨설턴트 덕분에 그 이미지가 싹 달라졌다. 사업이 잘 안 풀렸던 나는 마지못해 컨설팅을 의뢰하게 되었다. 그런데 그때 만난 컨설턴트는 아이디어를 제공해 주거나 토론을 한 후 '무엇을, 언제까지' 할 것인지 결정해 실천하기만 하면 되는 상태를 만들어 놓고 면담을 마치는 식으로 컨설팅을 진행했다.

컨설팅이 끝나면 '다음 면담 때까지 이걸 처리하지 않으면 꼴사나워지게 되겠구나'라는 생각이 들었다. 때문에 다음 면담 직전까지 미루다가 허둥대면서 하기는 했지만 일을 제대로 처리하게 되었다. 그러면서 성과가 조금씩 나타나자 그 사실을 컨설턴트에게 자랑스럽게 말했다. 그런 식으로 또 다음 일을 면담을 통해 설정하는 선순환 구조가 구축됐다.

이때 '타인의 시선'을 이용해 나 자신을 통제하는 방법을 깨달았다. 그 후 컨설턴트로 일하면서도 다른 컨설턴트에게 면담을 의뢰하기도 하고, 나와 같은 목표를 가진 사람들이 모이는 강좌에 참여하기도 한다. 비싼 돈을 냈을 때의 부담감과 타인의 시선에서 느껴지는 심리적 압박감, 이 두 가지를 활용하는 것이다.

또 날마다 나의 포부나 계획을 담아 메일 매거진을 발송하고 블로그, SNS 등에 글을 올리는데, 이렇게 대중들을 향해 쓴 글은 일종의 '선언'이 되기 때문에 꼭 지켜야 한다는 압박감으로 작용한다.

이처럼 나는 '돈 아깝다', '꼴사납다'라는 두 가지 감정을 이용해 더는 물러날 수 없는 구조를 만들어 활용하고 있다. 당신에게도 스스로 중요하게 생각하는 덕목이 있을 것이다. 그것을 찾아 '반드시 해야만 하는 구조'를 만들 것을 권한다.

시간을 시각화해 관리하는
스케줄 관리법

예전에는 그날그날 해야 할 일을 종이에 적고, 그 일이 끝나면 그 위에 연필로 선을 긋곤 했다. 이렇게 하니 앞으로 해야 할 일이 명확하게 보였고, 끝마친 일을 하나씩 지울 때마다 뿌듯함을 느꼈지만, 무언가 부족한 느낌을 지울 수 없었다.

또 뒤로 미루는 버릇이 있던 터라 그날 끝내지 못한 일을 다음 날로 미루고 또 다음 날로 미루기를 반복하는 동안 계획 자체를 '없었던 일'로 만드는 경우도 많았다.

그래서 종이에 적고 지우는 것만으로는 부족하다는 생각에 나 자신의 하루를 돌아볼 용도로 일지를 쓰기 시작했다.

이 일지 왼쪽에는 시간대별로 스케줄을 적을 수 있는 칸이 있

블록형 타임 스케줄 양식

				년 월 일 요일

힘이 되는 말:

오늘은 어떤 날?
(오늘의 타이틀)

	오늘의 예정	실제 결과(소요시간)	오늘의 업무	확인	기한 한정 업무	기한
5:00			메일 매거진			
6:00			블로그			
7:00			일지 첨삭			
8:00						
9:00						
10:00						
11:00						
12:00						
13:00						
14:00						
15:00						
16:00			비망록			
17:00						
18:00						
19:00						
20:00						
21:00						
22:00						
23:00						

일기

는데, 업무를 나열하는 것이 아니라 시간을 '블록형'으로 관리할 수 있게 돼 있다. 여기에 날마다 한 일을 적는 것인데, 처음에는 깜짝 놀랐다. '메일 회신'이라는 사소한 작업에 시간을 30분이나 쓰고, 미팅을 하는 데 세 시간이나 할애하고 있었던 것이다. 그보다 더 경악스러운 것은 쓸 말이 없는 경우도 많다는 점이었다. 무엇을 하며 시간을 보냈는지가 명확하지 않았던 것이다.

블록형 타임 스케줄을 작성해 보면 해야 할 업무를 나열하고 지우는 것만으로는 알 수 없는 자신의 시간 사용 패턴이 시각적, 직관적으로 눈에 들어온다. 시간 관리에 애를 먹는 사람이라면 사용을 권한다.

스케줄은 디지털로,
자기 관리는 아날로그로!

약속 등의 스케줄, 해야 할 일, 떠오른 아이디어, 독서나 세미나
에서 배운 점이 있을 때 당신은 어떻게 하는가?

나 같은 경우 10년쯤 전까지는 이 모든 것을 수첩 한 권에 몽
땅 적었는데, 여백이 부족하기도 하고 수첩의 형식에 의식적으로
맞춰서 쓰려고 하다 보니 귀찮아져서 어느 날부터 기입하는 양
이 줄어들기 시작했다. 결국에는 단순한 스케줄 관리 및 한 줄 메
모 형태가 되고 말았다. 나중에 다시 보면 '아, 이런 일이 있었구
나' 하고 알 수 있을 정도로만 기입했다.

'스케줄 관리와 자기 관리, 아이디어 정리를 좀 더 효율적으로
할 방법은 없을까?' 하고 고심하며 십수 년에 걸친 시행착오 끝

이익을 내는 1인 기업 사장의 시간 관리 비법 대방출

에 겨우 내린 결론은 '스케줄 관리'와 '자기 관리'는 구분해서 해야 한다는 것이었다.

그래서 약속 시간이나 업무 마감일, 비행기 시간 등의 스케줄은 디지털 기기를 이용해 관리한다. 스마트폰 애플리케이션을 활용해 동기화하면 컴퓨터와도 연동해서 사용할 수 있어서 편리하다. 약속을 기록하는 것은 물론, 만약 약속 시간이 변경되면 그 자리에서 바로 스마트폰을 사용해 스케줄을 수정하면 된다. 수정한 스케줄은 컴퓨터에서도 확인할 수 있다.

또 공유 기능을 사용하면 고객이나 외부 직원과도 스케줄을 쉽게 공유할 수 있다. 이렇게 하면 수첩을 넣었다 꺼냈다, 글씨를 썼다 지웠다 하는 일도, 관련자들에게 일일이 연락해야 하는 수고도 줄어든다.

업무 관리나 그날그날의 반성할 점, 아이디어 정리는 전부 아날로그로 처리한다. 그리고 앞에서 보여준 일지의 양식을 열 장 정도 인쇄해 A4 사이즈의 스프링 바인더에 넣어 늘 가지고 다니면서 생각나는 것이 있으면 그때그때 종이에 적는다. 종이 위에 글씨를 쓰다 보면 새로운 아이디어가 떠오르기도 하고, 반성할 점을 적다가 개선 방향을 도출해내기도 한다. 그런 아이디어는 업무에 적용하고 스케줄 관리용 디지털 도구에 입력한다.

이런 식으로 습관을 바꾼 후 꽤 효과를 보고 있다.

요건 꼭!
'자기 사용 설명서'

'당신은 자기 사용 설명서를 가지고 있는가?', '당신은 어느 시간에 무엇을 하면 효율이 가장 좋은가?' 이에 대한 답을 알면 업무의 속도는 물론 성과가 한층 더 향상된다.

내 업무 습관을 점검한 결과 오전에는 글 쓰는 일, 오후에는 사람 만나는 일, 저녁에는 단순한 작업을 하면 효율이 매우 높다는 것을 알았다.

이 사실을 알기 전에는 주로 저녁에 블로그에 올릴 글을 쓰곤 했다. 그런데 아이디어가 잘 떠오르지 않아서 애를 먹을 때가 많았다. 두세 시간 이상 걸릴 때도 있고, 아예 글이 안 풀릴 때도 있었다. 그러다가 머릿속이 맑은 오전 시간대에 글을 썼더니 한 시간이면 거뜬히 완성할 수 있었다.

또 오전에 누군가와 만날 약속을 잡으면 내가 가장 거북해하는 만원 전철을 타야 할 확률이 한층 높아진다. 만원 전철로 이동하다 지쳐 버리면 그날의 업무 효율과 성과가 뚝 떨어지게 된다. 날마다 혼잡한 출퇴근길을 오가는 사람들이 나를 보면 재수 없다고 할지 모르겠지만, 이런 혼잡함을 피하기 위해 회사원으로서의 삶을 포기한 사람이니 이해해 주길 바란다.

어쨌든 이런 이유로 오전에는 사람 만날 약속을 거의 잡지 않는다. 그래서 강연이나 어쩔 수 없는 사정으로 오전에 약속이 잡히는 경우에는 가급적 그 전날 강연회장 근처에 숙소를 정해 거기서 숙박을 한다.

특히 자신의 컨디션이 그대로 성과로 직결되는 1인 기업 사장은 반드시 자신을 어떻게 사용해야 확실한 성과를 만들 수 있는지를 알고 있어야 한다. 이런 '자기 사용 설명서'를 일상과 업무에 적용하면 회사는 물론 사장 개인의 삶도 한결 효율적으로 운영할 수 있게 될 것이다.

하루 10분 메모로
대단히 많은 걸 바꿀 수 있다

스케줄 관리나 자기 관리, 자기 사용 설명서 작성 등 매일 10분의 기록이 당신의 퍼포먼스를 부쩍 향상시켜 준다는 것을 잊지 말자.

그런데 이렇게 기록을 하려면 우선 자신의 행동과 그때그때 떠올랐던 생각을 기억할 수 있어야 한다. 이런 작업은 사실 10분 정도면 충분히 할 수 있다. 그러나 10분이면 할 수 있기 때문에 뒤로 미루기도 쉽다.

'시간이 나면 기록해야지' 하고 미루면, 그렇게 생각하는 사이에 기억이 희미해진다. 기억이 없기에 그 후 기다리는 것은 '뭐, 괜찮겠지' 하는 안이한 태도다.

이렇게 되지 않으려면 '기록하는 습관'도 업무의 일환이라고 인식해야 한다. 그리고 기록 업무를 공식적인 스케줄로 잡아 놓아야 한다. 흔히 가장 확실한 저축 방법은 급여에서 공제하는 것이라고 하는데, 이 말은 기록하는 습관에도 해당된다. 시간이 생기면 기록할 것이 아니라 오늘은 어떤 시간을 이용해 시간 관리, 스케줄 관리를 할 것인지 미리 생각해 보자.

나는 집이나 호텔로 돌아가더라도 밤늦게까지 작업을 하는 경우가 많기 때문에 보통은 잠자리에 들기 10분 전을 기록 시간으로 할애한다. 술 약속이 있는 경우에는 사무실을 나서기 전 시간을 이용하고, 고객과의 미팅에 이어 바로 회식을 하러 가는 날에는 고객과 만나기 전 시간을 이용한다.

하루의 끝에 그날 하루를 돌이켜 보는 일지를 쓰면서 다음 장에는 내일의 업무 계획을 기재한다. 나는 하루의 마지막 10분을 반드시 이 작업에 쓰기로 다짐했다.

또 다음 날 아침에 전날 밤 적어 놓은 당일 분의 일지를 보고 일을 시작한다. 그리고 일지 바인더를 항상 가방에 넣어 가지고 다니면서 무슨 일이 있을 때마다 꺼내서 새로운 내용을 기입한다.

가끔은 상황이 따라주지 않아 기입할 수 없을 때도 있지만, 하루의 끝에 그날의 일지를 완성하고 다음 날의 업무 계획을 기입하기를 5년 가까이 계속해 오고 있다.

아무 일정 없는
'나만의 날'을 갖는 법

업무 일정표에는 반드시 공백인 날이 있어야 한다. 이는 기록할 시간을 미리 공제하는 것만큼이나 중요한 일이다.

1인 기업 사장의 경우 경영자이자 플레이어인 경우가 많기 때문에 아무리 애를 써도 '생각하는 데 쓸 시간'을 내기가 어렵다. '일정표에 공백이 있어야 한다'는 말은 이렇게 생각하는 데 쓸 시간을 마련해야 한다는 의미이다.

나는 아무리 강연이나 약속이 빽빽이 들어찬 달에도 최소 이틀은 공백으로 비워둔다. 가능하면 약속을 조정해서라도 최대한 공백을 많이 만들려고 노력한다.

이렇게 마련한 시간에는 과연 무엇을 할까?

이익을 내는 1인 기업 사장의 시간 관리 비법 대방출

뭐 대단한 걸 할 거라고 생각할 수도 있지만, 사실 그저 멍하니 있는 경우가 많다. 그러다가 예전에 적어 놓은 일지를 읽기도 하고 웹 서핑을 하기도 한다. 그런데 그러고 있으면 신기하게도 아이디어가 떠오르는 경우도 있다. '반드시'라고 해도 좋을 정도로 자주 말이다. 그 아이디어를 종이에 정리하고 업무와 연결해 스케줄에 반영한다. 그러면 하루가 순식간에 지나간다.

생각하는 용도 외에도 공백으로 마련한 하루를 사용하는 방법이 있다.

그것은 미뤄뒀던 일을 한꺼번에 처리하는 날로 활용하는 것이다. 아무리 일지를 통해 업무 관리를 한다고 해도 모든 업무를 완벽하게 처리할 수는 없는 일이다. 가능한 사람도 있겠지만 나에게는 무리다.

마음속에 반드시 처리해야만 하는 일을 담아 두고 있는 경우에는 사실 다른 일에도 집중하기 어려워 종일 마음이 개운치 못하고 퍼포먼스도 떨어진다. 그래서 완충지대 같은 하루를 확보해 한꺼번에 처리하면 신기하게도 기분까지 후련해진다.

일이 밀려들 때는 속도감과 집중력을 발휘하려는 마음에 자기도 모르게 스케줄을 빈틈없이 꽉꽉 채우기 쉬운데, 그런 때일수록 하루쯤 공백의 날을 갖는 기술이 필요하다.

일만 하는 것보다
'돈 버는 계기'를 마련해야 매출이 오른다

당신의 일정표에는 '일'과 '돈 버는 계기'가 나란히 적혀 있는가? 여기서 말하는 '일'은 중심 상품이고 '돈 버는 계기'는 사전 상품에 해당한다.

몇 해 전 전국에 걸쳐 한 해에 267회의 강연을 했던 적이 있다. 평일에는 거의 모든 스케줄이 강연으로 채워졌고, 일정표에는 6개월 후의 강연회까지 잡혀 있었다. 이때 찾아 주는 사람이 많다는 사실에 기쁘면서도 한편으로는 공포감이 느껴지기도 했다. 예전 생각도 났다.

오래전 음식점을 경영하던 시절, 메뉴 중 하나가 큰 인기를 끈 적이 있었다. 날마다 예약 전화가 밀려들었고, 포장 주문도 정말 많아서 행복한 비명이 저절로 나왔다.

그러나 유행이라는 것은 언젠가는 끝나기 마련이다. 예약과 포장 주문이 격감하자 나는 비로소 위험한 상황이라는 것을 깨달았다.

당황하여 다른 방법을 모색하기 위해 애썼지만, 결과가 나올 때까지는 시간이 걸렸다. 그리고 한편으로는 자금 조달 전쟁이 시작되었다. 자금이 고갈되면 정신적으로도 힘들어지기 때문에 과감한 결단도 내릴 수 없고 기사회생의 아이디어도 나오기 어렵다.

강연의 인기가 절정일 때 문득 잠 못 들고 밤을 지새웠던 그때의 일이 다시 생각났다. 그래서 단순히 강연을 하고 강사료를 받는 '일'의 횟수를 줄이기로 했다. 이렇게 강연을 줄이는 대신에 강연을 계기로 다음 일이 파생될 수 있도록 이것저것 대책을 강구했다. 즉, 강연을 하면서 또 다른 돈 벌 계기를 마련하고자 한 것이다.

결과적으로 지금은 일이 30퍼센트, 돈벌이 계기가 70퍼센트 정도로 안정되어 더 이상 공포감을 느끼지 않게 되었다. 어느 정도의 비율이 좋다고 단정 지을 수 없고, 이 비율은 사람마다 다를 수 있다. 그러나 일이 10퍼센트 미만을 차지한다면 공포감이 들 것이다. 어떤 비즈니스일지라도 이럴 때는 일의 비중을 높여야

할 것이다.

하지만 일이 있다는 것은 좋은 일이고, 자기도 모르게 일에 집중하게 되는 것이 경영자의 습성이다. 그래서 나는 늘 스케줄을 적을 때 의식적으로 그것이 '일'인지 '돈벌이 계기'인지 알 수 있게 서로 다른 색으로 써서 구분한다. 일은 검은색, 돈벌이 계기는 파란색으로 적는데, 일정표에 검은색이 점점 많아지면 주의해야 한다는 신호로 간주한다!

경리 업무는
하루 10분이면 OK!

1인 기업에게는 '일일 결산'을 추천한다. 규모가 큰 회사라면 관련된 부서나 사람도 많고 상품도 복잡하기 때문에 이렇게 하기 힘들겠지만 1인 기업이라면 충분히 일일 결산을 할 수 있다.

나는 1인 기업을 경영하면서 클라우드형 경리 프로그램을 이용해 모든 경리 업무를 직접 처리하고 있다. 예를 들어 강연을 마치고 호텔이나 사무실로 돌아오면 경리 프로그램의 청구서 발행 기능을 이용해 청구 데이터를 입력한다. 그날 하루 동안 모은 영수증을 꺼내 지출 내역도 입력한다. 여기까지 10분 정도의 시간이 걸리는데, 내가 하는 일은 여기까지다.

나머지는 사무 업무를 외주로 처리해 주는 파트너가 자신의

ID로 시스템에 접속해 내가 작성한 청구서를 강연 주최 측에 보낸다. 종이 청구서를 요청받는 경우에는 인쇄와 발송도 해 준다. 은행 계좌나 카드 명세표의 동기화도 쉽게 할 수 있어서 입금 확인은 물론, 지정 일에 입금되지 않은 경우에는 거래처에 연락도 대신해 준다.

뭐, 회사의 주머니 속을 남에게 보여주는 것이 조금 껄끄럽게 느껴진다면 후속 작업까지 본인이 직접 하면 되는데, 그렇다 해도 하루에 20분 정도면 충분하다.

지급 업무도 간단하다. 이메일이나 우편으로 청구서가 도착하면 경리 프로그램의 '외상 매입' 난에 입력하고 지급기일까지 인터넷 뱅킹으로 지급만 하면 된다. 월말에는 이런 일이 좀 더 늘어나지만 이 작업도 30분이면 충분히 할 수 있다. 그리고 그밖에 더 복잡한 일은 담당 세무사에게 문의하거나 맡기면 된다.

이런 식으로 일일 결산을 하면 돈의 흐름은 물론 매출 목표에 대한 진척 상황을 바로바로 파악할 수 있다는 장점이 있다. 그러다 혹시라도 매출 목표를 달성하지 못할 수도 있다는 것을 사전에 알게 되면 일회성으로 컨설팅을 추진하거나 직접 세미나를 개최하는 등 대안을 마련하기 위해 즉각적으로 움직일 수 있다.

따라서 1인 기업에게는 반드시 일일 결산을 추천한다.

이익을 내는 1인 기업 사장의 시간 관리 비법 대방출

초간단 서류 정리 비법

요즘 기업들은 계약서 등 종이로 보관해야 할 의무가 있는 서류들을 제외하고는 기본적으로 종이로 남기지 않는다. 이때 유용한 것이 바로 스캐너다.

지금은 명함이나 서류 스캔은 물론 스캔한 문서를 판독해 텍스트로 추출하는 기능까지 갖춘 고성능 복합기가 많이 나와 있다. 나는 이런 기능들을 갖춘 복합기를 사무실은 물론 집에도 비치해 놓고 있다.

내가 이 기기를 어떻게 활용하는지 어느 하루 나의 일상을 통해 설명하겠다.

강연 요청을 한 어느 기업과 몇 개월 후에 열릴 예정인 강연회와 관련해 사전 미팅을 하는 날. 상대방 회사의 안내 팸플릿은 정중하게 돌려주고 강연회 개요가 적힌 자료만 챙기고 미팅을 마친다.

오후에 잡혀 있는 강연을 위해 강연회장으로 이동한다. 강연이 끝나면 대기실에 준비되어 있는 강연회 소개 자료는 돌려준다. 참석자 명단도 개인 정보 보호 차원에서 돌려주고, 식순이나 그 밖의 자료만 가지고 돌아온다.

사무실로 돌아와 강연회장에서 받은 자료와 서류, 미팅할 때 썼던 메모, 교환한 명함을 가방에서 꺼내 모두 스캔한다. 스캔한 서류나 자료, 메모에는 날짜와 상대방의 이름이나 회사명을 달아서 PDF 파일로 전환해 클라우드에 저장한다.

스캐너는 명함 관리 클라우드 서비스와 연결되어 있어서 명함은 스캔을 하면 자동 판독을 거쳐 클라우드에 등록된다. 판독하지 못한 글자는 따로 다시 입력할 수 있게 설계되어 있다.

이것으로 끝이다. 소요 시간은 10분 정도.

서류를 열람해야 하는 경우에는 날짜나 고객 이름으로 검색하면 바로 찾을 수 있다. 명함은 말할 것도 없다.

뭔가 변화가 필요할 땐 이렇게

지금까지 나 자신을 어떻게든 바꿔 보려고 세상에 알려진 수많은 시간 관리 방법이나 자기통제 기술을 익히고 시도해 왔다. 그러나 실천하려고 생각했지만 실천하지 못한 경우도 있고, 실천해 봤지만 작심삼일로 끝나면서 '흑역사'가 거듭되었다.

그랬던 내가 이 정도라도 시간 관리, 자기통제를 할 수 있게 된 것은 앞에서 소개한 일지를 직접 쓰면서부터였다. 전부터 알고 지내던 한 컨설턴트가 어느 날 '일지 활용'에 관한 세미나를 개최한다고 해서 수강한 것이 직접적인 계기가 되었다.

그 컨설턴트는 일지 쓰는 노하우를 설명한 후 그 자리에서 일지 양식을 배포했다. 세미나에 참석한 후 완전히 의욕이 생긴 나는 배포해 준 양식에 따라 그날부터 일지를 쓰기 시작했는데, 역시 익숙하지 않은 일을 습관으로 만들려고 하니 처음에는 쉽지가 않았다. 그런데 그 컨설턴트에게 귀찮아서 그만뒀다는 말은 차마 할 수가 없었다. 귀찮았지만 체면을 지키기 위해서라도 일지를 계속 적었다.

그렇게 억지로 일지를 써 가던 나에게 변화가 찾아왔다. 3개월쯤 지났을 때는 초반에 적어 둔 일지를 보고 깜짝 놀란 적도 있었다. '이게 뭐야, 내가 3개월 전에 이런 일을 했었다니!' 일지가 없었다면 기억하지 못했을 일들이었다. 그 후 '이렇게 일지를 계속 쓰다 보면 반드시 성과가 나오겠다'라는 확신이 생겼기에 귀찮아하면서도 지금까지 일지를 계속 쓰고 있다.

이처럼 무슨 일이든 '성과가 나올 것'이라는 확신이 서면 습관화하기가 비교적 쉽다. 그 성과를 확인하는 데는 최소 3개월 정도가 필요하다. 따라서 '지금 당장' 시작하고, '다른 사람의 시선을 이용하며', 어떻게든 '3개월' 동안은 계속 실천하도록 하자.

이런 과정을 거쳐 습관의 큰 힘을 경험하면 그 후에는 무슨 일이든 계속하는 요령이 생긴다. 끈기 없고 근기도 부족했던 나도 하루도 쉬지 않고 5년 넘게 메일 매거진을 발송하고 블로그를 운영하며 일일 결산을 하고 일지를 적고 있다. 당신도 도전해 보길 바란다. 3개월만 실천해도 변화를 느낄 수 있을 것이다.

6장

IT 시대야말로
1인 기업이
홍보하는 데
최고의 조건이다

고객을 위한 블로그는
시작부터 어떻게 다를까?

당신이 이제부터 블로그를 개설해 사진이나 글 등을 포스팅하겠다고 결심했다고 하자. 자, 그 블로그의 글은 누구를 위해 작성할 것인가?

이때 '누구를 위해'를 잘못 설정하면 유감스럽게도 그 정보는 계속 전달할 수 없게 된다.

대부분의 사람들은 아직 본 적 없는 잠재 고객을 위해 블로그 글을 작성한다. 즉 '자신이 적은 글을 누군가가 보고, 그 사람이 고객이 돼 주지 않을까?' 하는 막연한 기대감을 품고 블로그를 시작하는 것이다. 물론 그런 일이 전혀 없는 것은 아니지만, 그것은 정말 어쩌다 한 번 있을까 말까 한 일이다.

이런 생각으로 블로그나 홈페이지에 글을 올리게 되면 아무리 글을 올려도 고객이 늘지 않고 결국 당신은 절망하게 될 것이다. 블로그 운영에 대한 의욕도 뚝 떨어지고, 그러다 보면 그 블로그는 점점 침체되고 만다. 결국 고객이 당신을 발견하게 될 확률도 점점 더 줄어든다.

그렇다면 누구를 위해서 블로그를 운영해야 할까?

이미 당신에 대해 알고 있는 사람들을 대상으로 해야 한다. 한 번이라도 거래한 적이 있는 고객, 또는 거래한 적은 없지만 당신과 만난 적이 있는 사람, 당신을 아는 사람…. 이들을 위해 글, 사진, 영상 등을 포스팅해야 하는 것이다.

다시 말해 당신이 계속해서 전달하는 정보는 아직 본 적 없는 누군가(고객)를 찾아내는 도구가 아니라 이미 알고 있는 사람들과의 관계를 강화하는 것을 목적으로 해야 한다. 비싼 광고비 들여 많은 사람에게 반복적으로 정보를 전달하는 것은 대기업에는 맞을 수 있다. 그러나 1인 기업에는 맞지 않는 전략이다.

1인 기업의 블로그나 홈페이지는 고객이 어떤 문제를 가지고 있을 때 마침 당신의 블로그를 통해 그 문제를 해결해 줄 상품을 발견하게 하는, 또는 당신이 그것을 팔고 있다는 것을 간접적으로 인지시키기 위한 도구로 활용하는 것이 가장 이상적이다.

고객의 고민은
내 생각과 다르다

요즘은 어디에 살든, 언제든 원하는 물건이나 서비스가 있으면 바로 구입할 수 있다. 경제가 성숙하고 인터넷의 발달과 함께 판매 방식이 다양해지면서 필요한 것이 있으면 매우 편리하게 구매하고 이용할 수 있는 세상이 되었다.

사업자와 고객 간의 소통이 활발해지고 고객의 목소리가 사회적으로 영향력을 갖게 되면서 질적으로 완성도가 떨어지는 상품을 다루는 기업은 단번에 철퇴를 맞을 수도 있는 시대다. 그래서 어느 가게, 어느 기업도 품질이나 기능 면에서 일정 수준 이상의 상품을 제공한다.

이런 사회에서 소비자는 '무엇'을 사느냐가 아니라 '어디'에서

1인 기업을 한다는 것

사느냐를 더 중요하게 여긴다. 1인 기업은 이런 현상이 시사하는 바에 주목해야 한다.

즉, 당신이 다루는 상품이나 서비스가 아무리 뛰어날지라도 그것만 어필해서는 고객이 당신의 상품을 구매하게 할 동기를 제공하기 어렵다. 그러니 당신 자신을 팔아라! 즉, 당신에게서 사고 싶다고 생각하게 해야 하는 것이다.

예를 들어 나는 강연회가 있으면 SNS에 '오늘은 ○○에서 소매업 사업자들을 대상으로 강연을 합니다!'라는 식의 글을 사진과 함께 올리곤 한다.

사실 이 글에는 별다른 의미가 없으며, 며칠 전에 올린 다른 강연 안내 글과도 별로 다를 것이 없다. 그런데 이렇게 올린 글을 보고 한 회사에서 강연을 의뢰했다. 강연 주최 측에서는 "SNS에서 선생님이 강연하시는 모습 잘 보고 있습니다. 저희도 선생님께 강연을 의뢰하고 싶은데요…"라고 말했다. 매일 여기저기에서 꾸준히 강연을 하는 내 모습에서 신뢰감을 느낀 게 계기가 된 것이었다.

컨설팅 사업 쪽에서는 이런 일이 있었다.

어느 날 메일로 한 경영자가 컨설팅을 의뢰했다. 어떤 계기로 컨설팅을 의뢰하게 되었는지 물었더니 예전에 내 강연회에 참석한 적이 있고, 그 후 블로그에 방문해 글도 읽어 봤다고 했다. 특히 그는 블로그 글 중 나의 노하우와 콘텐츠에 관한 내용이 아니라 예전의 실패담에 관한 글에 마음이 끌려 컨설팅을 의뢰하게 되었다고 했다. 그 경영자는 '세상에 많고 많은 지식과 성공 사례보다 어떻게 하면 실패하는지를 확실하게 말해 줄 수 있는 사람에게 의뢰하고 싶다'고 했다.

이해하겠는가? 상품이나 서비스에 대한 자세한 설명, 미사여구, 공포심이나 부러움을 부추기는 정보가 아니라 당신의 삶에 대한 정보 자체가 가치 있는 상품이 될 수 있는 것이다. 특히 사장의 삶 자체가 기업의 스토리인 1인 기업은 이 부분에 더 주목하길 바란다.

고객에게 가장 효과적으로
정보를 전달하는 방법

지금까지 정보 전달의 의의에 대해서 살펴봤다면, 이제 정보를 전달하는 방법에 대해 알아보자.

정보를 전달하는 방법은 매우 다양하다. 아날로그적으로 할 수도 있고, 디지털로 할 수도 있으며, 디지털의 경우는 블로그, 메일 매거진, 홈페이지, SNS 등 실로 다양하다.

정보를 계속 전달할지라도 각각의 도구가 어떤 역할을 하는지 제대로 이해하지 못한 채 되는 대로 유행을 좇아가다 보면 노렸던 효과를 얻기는 어려울 것이다. 따라서 우선은 비즈니스로 연결하기 위한 정보 전달 이론과 각각의 도구가 어떤 역할을 하는지 이해해야 한다.

IT 시대야말로 1인 기업이 홍보하는 데 최고의 조건이다

정보 전달의 종류와 목적은 크게 다음의 세 가지로 집약할 수 있다.

- 연결connect
- 축적archive
- 전달push

이 세 개의 원이 서로 겹쳐지는 부분에 있는 사람이 고객이 될 확률이 높다.

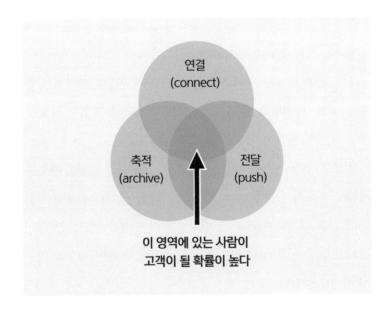

1인 기업을 한다는 것

SNS를 통한 관계 구축은
어느 선까지가 좋을까?

우선 정보 전달의 첫 번째 목적은 '연결connect'을 통해 정보를 받는 사람과 관계를 구축하는 것이다. 도구로 말하자면 트위터나 페이스북 등의 SNS가 여기에 해당한다. 이때는 어디까지나 인간 관계를 더욱 확대하는 데 목적이 있기 때문에 그와 관계없는 정보, 즉 영업과 관련된 정보를 전달하는 것은 삼가야 한다.

당신의 SNS는 어떤가? 트위터나 페이스북으로 당신이 취급하는 상품과 서비스를 부지런히 소개하고 있지는 않은가? 판매자 입장만 생각하고 '조금이라도 더 많은 사람 눈에 띄게 하고 싶다'는 생각에 당신의 상품 정보를 퍼 나르기 바쁘진 않은가?

SNS를 꾸준히 하는 덕인지 내게는 날마다 페이스북으로 친구

IT 시대야말로 1인 기업이 홍보하는 데 최고의 조건이다

신청이 많이 들어오는 편이다. 그중 본인 실명으로 등록하고 프로필 사진도 본인 사진으로 설정해 놓은 사람은 대부분 친구로 받아들인다.

예전에 페이스북 친구가 5,000명에 달했을 즈음의 일이다. 나는 이 5,000명의 친구들에게 일제히 내가 개최하는 세미나에 대한 알림 메시지를 보냈다. 자, 결과는 어땠을까?

페이스북을 통한 신청은 고작 한 건이었고, 이벤트 메시지를 보낸 직후 친구가 4,700명으로 줄어들었다. 그뿐 아니라 몇몇 사람들로부터는 '영업은 사양한다'라는 댓글과 메시지까지 받았다. 참고로 이 5,000명의 친구들 중 내가 친구 신청을 한 사람은 거의 없고 상대방이 먼저 요청해서 친구가 된 경우가 대부분이었다.

말하자면 SNS는 더 깊은 관계로 발전하기 전에 하는 미팅과 비슷하다. 미팅 자리에서 뜬금없이 프러포즈를 하는 사람은 없지 않은가! 보통은 미팅 이후 몇 번의 만남을 거쳐 교제하는 관계로 발전하면 그제야 결혼에 대해 진지하게 생각하는데, 비즈니스도 그와 마찬가지다.

1인 기업을 한다는 것

SNS에서 '즐거운 분위기'를 조성하는 노하우는 무엇일까?

현실 사회에서도 그렇지만 온라인상에서도 사람들은 재미 있는 일이 있을 것 같은 장소에 마음이 끌리게 돼 있다. 따라서 SNS를 통해 인간관계를 더 확대하고 싶다면 당신이 전달하는 정보에서 즐거운 분위기가 느껴지게 하는 것이 중요하다.

'즐거운 분위기'라고 해서 맛있는 음식이나 음식을 먹는 모습, 술자리에서의 왁자지껄한 모습 등을 의미하는 것이 아니다. 여기서 말하는 '즐거운 분위기'란, 당신이 올린 글이나 사진에 사람들이 댓글 등으로 반응하고 활기 넘치게 소통하는 상태를 말한다. 사람들로 들끓는 듯한 분위기 말이다.

이렇게 활기 넘치는 분위기를 보고 있노라면 사람들은 자신도

IT 시대야말로 1인 기업이 홍보하는 데 최고의 조건이다

모르게 동참하고 싶다는 충동을 느끼게 되고 스스럼없이 댓글을 달게 된다. 이런 사람들 덕분에 상승효과가 생기면 당신이 올리는 글은 언제나 인기가 많다. 이런 분위기가 형성되면 당신이 올린 정보 축적을 목적으로 하는 글에도 많은 사람들이 반응하게 된다.

그런데 사실 나조차도 내 SNS 계정이 사람들로 들끓게 하진 못하고 있다. 바쁜 일에 얽매어 있다 보면 댓글에 바로바로 대답하지 못하고 하루나 이틀이 지나서야 겨우 답하기 일쑤고, 다른 사람들의 글에는 전혀 흥미를 보이지 못하는 것이다. 어찌 보면 완전히 일방향적인 소통을 하고 있는 셈이다.

다른 사람과 적극적으로 소통하고 싶으면서도 성격상, 그리고 일정상 그렇게 하지 못하는 나는, 그래서 나만의 방법을 찾았다. '일관성' 있게 나의 소식을 전달하기로 한 것이다. 그리고 전국 방방곡곡을 돌아다니면서 날마다 강연이나 상담, 컨설팅을 하는 나의 일상의 일면을 계속 올렸다. 그러자 사람들로 들끓는 분위기를 조성하는 데 서툰 나도 SNS를 활용할 수 있게 되었다.

내가 SNS상에 올리는 것들은 강연을 하기 위해 찾아간 도시의 기차역 사진이나 그날 먹은 불고기나 돈가스, 초밥 같은 음식 사진, 그리고 구어체 문장으로 된 조금은 사적인 느낌의 글이 대부분이다.

페이스북을 시작한 이후 8년 동안 주로 이런 정보만 올리고 있다. 댓글은 정보당 몇 건이 다고, 답을 달아도 딱히 분위기가 불타오르는 일도 없으며, 한 차례 댓글을 주고받는 정도에서 끝난다.

그런데 이렇게라도 일관성 있는 글을 계속해서 올리면 주변 사람들 사이에 당신만의 이미지가 구축된다. 내 경우는 날마다 어슬렁어슬렁 전국을 돌아다니며 강연을 하는 사람, 불고기나 돈가스, 술을 무척 좋아하는 사람이라는 이미지가 구축돼 있지 않을까?

이런 일관성 있는 글이 몇 년째 계속 올라오면 어쩌다가 내 글을 본 사람도 분명 '여전히 여기저기 돌아다니며 강의하고 있군', '또 불고기를 먹네'라고 생각하게 될 것이다. 언젠가 처음 만난 사람이 내게 SNS 친구라며 "불고기 좋아하시죠?", "여전히 전국을 돌아다니시네요"라고 말해서 알게 된 사실이다.

그들과 SNS에서 평소에 댓글을 주고받은 것도 아니고, 그들이 내 글에 '좋아요'를 눌러 준 것도 아니다. 그러나 일관성 있는 행동을 꾸준히 하면 이렇게 그 사람만의 이미지가 다른 사람들 머릿속에 각인된다.

이렇게 하면 SNS 스타는 아닐지라도 사람들이 궁금해 하는 존재가 될 수도 있고, 부담 없는 인간관계를 구축할 수도 있다.

IT 시대야말로 1인 기업이 홍보하는 데 최고의 조건이다

SNS를 적극적으로 활용해 사람들로부터 인기도 얻고 활기차게 교류도 한다면 좋겠지만 당신의 적성에 안 맞을 수도 있다. 그럴 때는 억지로 다른 사람들을 따라 하려고 애쓸 필요 없다. 어쨌든 피곤하기 때문이다. 다만, 1인 기업 사장이라면 자신이 좋아하는 일과 관련된 이슈들을 지속적으로 올림으로써 사람들 사이에 당신만의 일관성 있는 모습을 구축하길 권한다.

고객과 신뢰를 쌓는
최고의 방법은?

SNS를 통해 사람들과 소통하는 또 다른 목적은 '정보의 축적archive'이다. 여기에는 블로그나 유튜브가 적합하다.

앞에서 소개한 연결을 통해 사람들과 관계를 구축하기 위해 전달하는 정보는 시간이 지나면 실효성이 사라지고 소비되는 정보다. 반면에 축적을 목적으로 하는 정보는 전달하면 할수록 계속 쌓이게 된다. 그렇게 축적된 정보는 검색 엔진의 검색 결과에도 반영되고, 대량으로 축적된 정보의 경우는 그것만으로도 신뢰를 얻게 된다.

정보의 '양'은 정보의 '질'만큼이나, 아니 어쩌면 그보다 더 중요하다.

IT 시대야말로 1인 기업이 홍보하는 데 최고의 조건이다

내게 강연을 의뢰한 고객들에게 물어보니 98퍼센트의 고객이 회사의 홈페이지를 보고 강연을 의뢰했다고 한다. 즉, 강연 고객 대부분이 홈페이지에 올려놓은 '강연 실적' 페이지를 본 후 문의하거나 신청한 것이다.

나는 강연을 할 때마다 어디에서 어떤 사람들을 대상으로 강연을 했는지 정리해 블로그에 계속 업로드하고 있다. 그리고 처음 글을 올리기 시작한 지 7년 만에 게시물이 1,000건 넘게 쌓였다. 강연을 의뢰한 사람들 대부분이 이 기사 목록을 열람했다고 볼 수 있다.

그런데 사람들은 1,000건이 넘는 그 많은 게시물을 다 읽을까? 홈페이지 로그 분석을 해본 결과 보통 세 건 정도의 게시물을 읽었다는 사실을 알 수 있었다. 즉, 내가 올린 게시물을 꼼꼼하게 읽고 자세히 조사한 후 강연 의뢰를 한 것이 아니라 '강연 실적' 목록에 누적돼 있는 정보의 양을 보고 강연을 의뢰하기로 결정한 것이다. 이것이 축적된 정보의 위력이다.

소비되고 시간이 흐르면 효력이 사라질 SNS에 축적을 목적으로 하는 정보를 부지런히 올리는 사람이 있는데, 정말로 안타까운 일이 아닐 수 없다. 이런 글은 먼저 블로그에 올린 후 SNS를 통해 블로그에 그런 게시물을 올렸다는 사실을 알리면 일석이조의 효과를 얻을 수 있다.

1인 기업을 한다는 것

양이나? 질이나?
둘 다 가능하게 하는 방법

혹시 '양질 전환'이라는 말을 들어보았는가? 이 말은 '양에 의해 질이 좌우된다'는 의미로, 이는 정보를 전달하는 데도 그대로 적용된다.

예를 들어, 날마다 정보 축적을 위한 글을 블로그에 작성해 올리다 보면 시간이 지날수록 글의 리듬감이나 표현 등 기술이 향상되기 때문에 질적으로도 우수한 상태로 전달할 수 있게 된다. 내 경우만 해도 최근에 전달하는 정보를 보면 아직 부족하기는 해도 과거에 비해 확실히 좋아진 것을 실감하게 된다.

그런데 축적을 목적으로 하는 정보의 경우 양질 전환은 또 다른 의미가 있다.

IT 시대야말로 1인 기업이 홍보하는 데 최고의 조건이다

단골 창출 전문가로서 컨설팅을 처음 시작했을 무렵, 고객을 확보하는 데 무척 애를 먹었다. 관심을 보이는 고객들은 있었지만 문의에서 그치는 경우가 많았다. 그래도 포기하지 않고 고객을 확보하기 위해 애쓰는 한편, 1년여의 시간을 들여 '단골 창출'과 관련된 칼럼을 100편 정도 써서 공개했다.

이 칼럼을 공개한 후 상황이 조금씩 나아지기 시작했다. 그 전까지 아무런 반응이 없었던 홈페이지에 컨설팅 문의가 한두 건씩 들어오기 시작했고, 계약도 성사되었다.

세상에 완전히 새로운 것은 없다. 때문에 내가 직접 경험한 이야기들을 제외하면 칼럼에 쓴 대부분의 내용은 '어디선가 이미 들어 본 적 있는 이야기'들이다. 그리고 결코 잘 쓴 글도 아니었다. 그런데 단골 창출에 대한 글이 100편 정도 쌓이자 그 양으로 인해 사람들은 그 글이 유용할 것이라는 인식을 갖게 된 듯하다. 즉, 시간이 지날수록 글과 사진은 물론 동영상 등의 기술이 향상되면서, 그리고 일정 수량 이상의 정보가 쌓이면서 그 정보는 질적으로도 신뢰를 얻게 된 것이다.

1인 기업을 한다는 것

사용자에게 도달하지 못하는 정보를
정보라고 할 수 있을까?

지금까지 소개한 정보 전달 도구들에는 치명적인 약점이 있다. 그 정보가 사용자에게 도달하지 않으면 정보로서의 가치가 없다는 점이다.

블로그에 열심히 글을 작성해 올리고 SNS에 '블로그에 글을 썼습니다!'라고 올리더라도 사용자가 그 블로그나 SNS를 이용하지 않으면 그걸로 끝이다. 아무리 훌륭한 정보라 해도 사용자에게 전달되지 않으면 의미가 없는 것이다.

이런 약점을 보완하기 위해 '전달push'을 목적으로 하는 정보를 내보내야 한다. 전달을 목적으로 하는 정보는 상대방이 어떤 사안에 대해 완전히 잊어버리는 것을 방지하기 위해 사용한다.

그리고 이 도구로는 주로 발신자가 수신자에게 정보를 직접 보낸다. 이용할 수 있는 도구로는 뉴스레터나 메일 매거진이 있다.

나도 연결을 목적으로 하는 정보 발신 도구로 각종 SNS를 활용하고, 축적을 목적으로 하는 정보의 경우에는 블로그나 홈페이지를 이용하고 있다. 그런데 지금 없으면 가장 곤란한 것은 메시지를 직접 전달할 수 있는 뉴스레터나 메일 매거진이다.

지금껏 1,600일 동안 나는 날마다 메일 매거진을 발송해 왔다. 그 와중에 SNS는 계속 유행이 바뀌어 왔다. 그런가 하면 블로그는 조금만 방심하면 접속자 수가 뚝 떨어진다. 이런 때 정보 전달을 목적으로 하는 발신 도구야말로 1인 기업에게는 생명줄이라고도 할 수 있다.

그런데 이때 주의해야 할 것이 있다. 그 목적에 맞는 정보만을 전달해야지 절대 '사 주세요'라는 느낌을 전달하면 안 된다.

상품을 지나치게 홍보하지 않아도 괜찮다. 소개한 도구들을 이용해 목적에 맞게 꾸준히 이용하다 보면 당신의 정보를 수신한 사람 중 어느새 당신의 고객이 생기기 시작할 테니 말이다.

1인 기업을 한다는 것

날마다 쉬지 않고
메일 매거진을 발간하다 보니

내가 설날이나 추석에도 쉬지 않고 날마다 발간하는 메일 매거진은 2018년 12월 현재 1,600호를 넘겼다. 처음 시작할 때는 구독자 수가 두 자릿수였고, 그 상태로 몇 개월을 가더니 어느 새 세 자릿수로 늘어나 몇 년 동안 유지되다가 지금은 4,000명 정도가 되었다.

그런데 구독자 4,000명이 날마다 거르지 않고 내가 보내는 메일 매거진을 읽을까? 잘은 모르지만 아닐 것이다.

나도 받아 보는 메일 매거진이 열 개 정도 되지만 그 전부를 보는 일은 거의 없다. 그중에는 받은 지 몇 개월이 지났는데 읽지 않은 것도 있고, 이렇게 읽지 않은 상태에서 삭제하는 경우도 많

IT 시대야말로 1인 기업이 홍보하는 데 최고의 조건이다

다. 아마 내가 발송하는 메일 매거진도 같은 취급을 받고 있지 않을까 싶다.

사실은 읽어주면 더 좋겠지만, 그것으로 충분하다고 생각한다. 본문을 읽지 않더라도 메일 매거진이 도착했다는 사실을 인식해 주면 그것으로 충분하다.

정보가 불필요한 사람이라면 구독을 취소할 것이다. 취소하지 않는다는 것은 흥미는 있지만 시간이 없거나 귀찮아서 그냥 방치한다는 의미다. 이런 사람들은 언젠가는 그 메일 매거진을 확인할 것이다.

나 같은 경우도 어쩌다 시간이 나면 밀려 있는 메일 매거진을 한꺼번에 확인하기도 한다. 물론 대충 보는 것이지만. 그렇게 오랜만에 읽은 메일 매거진에서 관심 있는 세미나를 발견하고 참석한 적도 있다.

또 2년 정도 읽지 않고 계속 받기만 한 메일 매거진이 있는데, 우연히 일과 관련해 그 사람이 생각나 연락을 했던 적도 있다. 정기적으로 메일함에 메일 매거진이 쌓여가는 사이에 보낸 사람의 이름이 내 머릿속에 각인되었던 것이다. 이런 식으로 당신의 이름을 서서히 상대방의 뇌에 각인시키는 효과도 무시할 수 없다.

고객이 알아서 찾아오게 만드는 정보 전달 비법

SNS, 블로그 등을 통해 소통을 하라고 하면 비즈니스를 하는 사람들은 자기도 모르게 영업을 하는 경우가 많다. '이런 상품을 팔고 있으니 사 주세요! 이 상품은 이런 훌륭한 특성이 있는데…' 하면서 말이다.

그러나 앞에서 말했듯이 블로그, 홈페이지, 메일 매거진 등은 당신에 대해 이미 알고 있는 사람을 위해 운영해야 한다. 당신과 이미 어떻게든 관계가 있는 사람들과 그 관계를 강화하거나 더 심도 깊은 정보를 제공하거나 그 사안에 대해 잊어버리지 않게 하기 위한 도구로 활용하는 것이다. 노골적으로 '사 주세요'라고 요구하는 용도가 아니다.

IT 시대야말로 1인 기업이 홍보하는 데 최고의 조건이다

바꿔 말하면 관계 강화나 심도 깊은 정보 제공 끝에 고객에게 내재해 있는 '갖고 싶다'는 감정을 일깨워 스스로 '갖고 싶어요', '제게 파세요'라는 감정을 갖도록 유도하는 도구라 해도 좋다.

그렇다면 고객이 '갖고 싶어요', '제게 파세요'라는 감정을 갖도록 하려면 어떤 정보를 전달해야 할까?

당신이 전달하는 정보를 접하고 고객이 다음의 세 가지 반응을 보이는가를 확인해 보길 바란다.

- 전문가라는 사실 인지
- 신뢰할 만한 사람으로 인식
- 구매 방법 지도

전문가라는 사실 인지

먼저 뭐니 뭐니 해도 당신이 그 분야의 전문가라는 사실을 인지하게 할 정보가 필요하다. 당연한 말이라고 생각하는 사람도 있겠지만, 대부분의 사람들이 '어떤 정보를 전달하면 자신을 전문가로 인지시킬 수 있을까'에 대해 잘못 이해하고 있다.

예를 들어 세무사는 당연히 자신은 '세금' 전문가이므로 세금 분야의 정보를 전달하려고 한다. 대부분의 세무사가 소비세의 구

194
1인 기업을 한다는 것

조나 납세에 관한 지식 등 세금에 대한 정보를 제공하려고 하는데, 이것만으로는 많이 아쉽다. 미용사가 커트나 펌, 염색 등의 기술을 상세히 설명하고, 웹 디자이너가 디자인 지식을 설명하는 것도 마찬가지다. 즉 이런 정보들은 당신이 보유하고 있는 전문 지식에 대한 설명이다. 전문가로서 전문 분야의 정보를 전달하려고 하는 것은 어쩌면 당연할 수 있지만, 이렇게 해서는 고객의 다음 행동을 이끌어내기 어렵다. 다시 말해 고객으로부터 구매 문의가 들어오지 않는다.

이때는 정보를 받는 사람에게 당신이 가지고 있는 전문 지식에만 흥미를 느끼게 할 것이 아니라 당신이라는 사람에게 흥미를 느끼게 하는 것이 중요하다. 전문가로서 자신의 지식이 유용하게 쓰이는 것은 기쁜 일이겠지만 고객이 다음 행동을 하게끔 하지 못하면 당신이 정보를 전달하는 이유도 없어지고, 정보를 계속 전달할 의욕도 사라지게 될 것이다.

그렇다면 당신을 전문가로 인지하게 하면서 당신에게 흥미를 느끼게 하려면 어떻게 해야 할까?

'내가 보유하고 있는 전문 지식을 이용해 고객의 불안, 불만, 불편을 어떻게 해결할 수 있을까?', '단순한 지식 설명이 아니라 그 지식과 노하우를 이용해 누군가의 불안, 불만, 불편을 어떻게 해결해 줄 수 있을까?', '문제를 해결한 뒤에는 어떤 세상이 펼쳐

질까?' 여기에 해당하는 정보를 전달해야 한다.

이때 그 정보와 가장 일치하는 사례를 함께 제공하도록 한다. 당신이 실제로 경험하고 해결했던 사례를 공개 가능한 범위 내에서 정보와 함께 상세하게 전하는 것이다. 이렇게 하면 당신을 전문가로 인지하게 하면서 동시에 당신에 대해 흥미를 느끼게 할 수 있다.

신뢰할 만한 사람으로 인식

당신이 SNS, 블로그 등을 통해 전달하는 정보를 통해 신용이나 신뢰를 얻으려면 두 가지를 기억해야 한다.

첫 번째는 증거 또는 근거가 있어야 한다는 것이다. 하지만 증거라고 해서 꼭 과학적인 근거일 필요는 없다. 다만 근본을 알 수 없는 정보를 함부로 이용하지는 말라는 뜻이다.

흔히 어디에서 발생했는지 알 수 없는, 어쩌면 헛소문일 수도 있는 정보를 옮겨오거나 공유하는 사람이 있는데, 이것이야말로 신뢰성을 떨어뜨리는 대표적인 행위이다.

또 다른 사람이 했던 말을 인용하거나 위인이 남긴 명언을 인용하면 주목받을 가능성이 높아지는데, 이때도 주의할 점이 있다. 이때 당신의 의견을 꼭 덧붙여야만 그 정보가 당신의 의견이라는 1차 정보가 된다는 점이다. 그러지 않을 경우 당신에 대한 신뢰성이 떨어질 수 있으므로 주의하도록 하자.

두 번째는 '계속'하는 것이다. 앞에서 정보를 전달하는 데는 세 가지 목적이 있다고 했는데, 그중 정보 축적을 목적으로 하는 경우 그 정보는 양이 많을수록 유리하다. 오랫동안 계속해서 한 가지 주제의 정보를 축적해 왔다는 사실이 전해지면 정보를 받는 사람은 한층 더 그 정보에 압도될 것이다. 그 내용도 내용이지만, 그것을 몇 년간 쉬지 않고 꾸준히 기록해 왔다는 사실 자체가 그 사람에 대한 신뢰로 이어지게 된다.

그렇다면 고객이 당신을 신뢰하게 하기 위해서 해야 할 일은 무엇일까?

자신의 의견을 반영한 1차 정보를 '계속해서' 전달하는 것이다. 이는 특별한 지식이나 경험이 필요한 작업이 아니다. 누구나 할 수 있는 일이다.

그러나 누구나 할 수 있다고 해서 모두가 하는 것은 아니다. 귀찮다는 이유로 그만두는 사람이 많기 때문이다. 그렇기에 계속해서 정보를 전달하는 사람은 신뢰할 만한 사람이라 인식되게 된다.

구매 방법 지도

고객에게 당신이 전문가라는 사실을 인지시키고, 수많은 경험 덕분에 유용한 상품과 서비스를 제공할 능력이 충분하다는 사실을 이해시켰다. 또한 자신의 의견이 반영된 정보를 전달해 인품도 인정받고 꾸준한 모습으로 신뢰도 얻었다고 하자. 그렇다면 이제 당신의 상품을 팔 차례다. 어떻게 팔 것인가?

그런데 사람들은 바로 이 점을 놓친다.

얼마 전 SNS상에서 자신의 친구가 책을 출판했다며, 친구의 책을 소개한 사람이 있었다. 그는 책에 대한 느낌과 함께 그 책에 소개된 노하우를 업무에 활용해 효과를 보고 있다고 말했다. 친구가 쓴 책이지만 감상에 치우치지 않고 객관적으로 소개한 글 덕에 나도 그 책을 읽어 보고 싶어졌다. 그런데 그 사람이 한 가지 빠뜨린 것이 있었다. 책을 살 수 있는 서점이나 쇼핑몰의 URL을 포함하지 않았던 것이다.

모처럼 읽고 싶은 책이 생겼다고 생각했지만, 나는 검색하기가 귀찮아 그 책을 구입하지 않았다. 그 글의 마지막에 책과 관련된 URL이 있었다면 분명 클릭해서 책을 구입했을 것이다.

쉽게 말하면 이런 것이다.

- 가게 정보는 나와 있는데 영업시간이나 정기휴일이 적혀 있지 않은 경우
- 사례로 소개된 컨설팅에 흥미가 있지만 신청 방법이나 가격이 기재되지 않은 경우

이런 경우 더 많은 정보가 필요하지만 찾아보기 귀찮아 포기한 경험이 당신에게도 있을 것이다. 모처럼 당신의 상품 및 서비스에 흥미를 느낀 사람이 있는데 구매 방법을 알 수 없어 포기하는 사람이 있다면, 이보다 더 안타까운 일은 없을 것이다.

'사 주세요'라고 노골적으로 말하는 것은 삼가야 하지만 '이런 식으로 ○○에서 판매합니다'라는 정보는 적극적으로 노출해야 하는 것이다.

IT 시대야말로 1인 기업이 홍보하는 데 최고의 조건이다

7장

가성비 좋은
1인 기업
사장으로
산다는 것

1인 기업의 5가지
상품 개발 포인트

연 매출액 150억 엔, 직원 300명 규모의 회사를 뒤로하고 내가 1인 기업을 창업한 이유에 대해서는 앞에서 여러 경로를 통해 밝힌 바 있다. 이번 장에서는 1인 기업을 창업한 후 실제로 어떤 과정을 거쳐 여기까지 오게 되었는지를 이야기하려고 한다. 이 이야기를 통해 1인 기업의 현실과 그 현실을 극복하기 위해 어떤 노력들을 해야 하는지를 인지하고 자신의 비즈니스에 적용해 보길 바란다.

1인 기업으로 재출발하면서 가장 먼저 '무엇을 팔까'를 결정하는 작업, 즉 상품 만들기에 착수했다. 그때 중요하게 생각한 포인트는 총 다섯 가지였다.

- 원재료 매입이나 재고가 필요 없는 비즈니스
- 고액의 초기 투자 비용이 필요 없는 비즈니스
- 높은 이익률
- 지금까지의 경험을 살릴 수 있는 비즈니스
- 대금을 선금으로 받을 수 있는 비즈니스

조건이 까다롭기는 하지만 그때까지의 경험으로 봤을 때 이 다섯 가지 조건에 부합하는 비즈니스라면 '망하지 않는 회사'를 만들 수 있을 것이라고 확신했다. 그래서 필사적으로 이 다섯 가지 조건을 갖춘 상품을 찾아다녔다.

시스템 개발 회사와 웹 마케팅 회사를 경영한 경험이 있어서 홈페이지 제작이나 웹 마케팅 지원 사업을 검토하기도 했다. 하지만 '높은 이익률', '대금을 선금으로 받을 수 있는 비즈니스'라는 지점과 일치하지 않아서 보류했다.

또 한 회사에서 개발한 혁신적인 상품을 판매 대리하는 사업을 검토하기도 했는데, 그 역시 '높은 이익률', '대금을 선금으로 받을 수 있는 비즈니스'와는 일치하지 않았다.

몇 개월 동안 구상만 하던 끝에 '경영 컨설팅'이라는 비즈니스를 찾아냈다. 상품을 판매하는 것이 아니기 때문에 원재료를 매입할 필요가 없고, 특히 고액의 초기 투자 비용도 필요 없다. 게

다가 매출총이익률이 거의 100퍼센트인 비즈니스고, 지금까지의 기업 경영에 관한 경험을 살릴 수 있다. 그리고 전액 또는 일부를 선입금 받을 수 있다. '바로 이거다!' 싶었다.

그때까지 내게 컨설팅업은 미개척 분야였지만, 이 다섯 가지 조건을 모두 충족하는 경영 컨설팅으로 사업 아이템을 정하고 바로 1인 기업 창업에 돌입했다.

1인 기업을 한다는 것

컨설턴트가 되기 위한
컨설팅 사례

그런데 지금껏 컨설팅이라고는 해 본 적이 없고, 그 전까지 컨설팅을 받아본 적도 없었기 때문에 그 분야에 대해 아는 게 전혀 없었다.

그래서 인터넷으로 조사하기 시작했다. 그 과정에서 진짜 많은 컨설턴트들이 활약하고 있다는 사실을 알았다. 자영업에 특화된 컨설턴트, 재무 컨설턴트, 인터넷 고객 모집 컨설턴트, 인재 육성 컨설턴트… 그 많은 사람들이 각자 자기만의 전문성을 내세우고 있었다.

1회 60분에 3만 엔(약 32만 원)인 경우부터 3개월에 200만 엔(약 2,100만 원)인 경우까지 컨설팅 비용도, 비용 산정 방식도 천차

만별이었다.

아무리 조사하고 궁리해도 가닥이 잡히지 않았다. 그래서 '컨설팅업을 하기 위한 컨설팅'을 받기로 결심했다. 인터넷에서 '컨설팅업의 컨설턴트'를 몇 명 찾은 다음 그중 세 명에게 컨설팅을 요청했다.

이 세 명의 컨설턴트는 모두 '컨설턴트로서 성과를 낸다'는 목표를 가지고 컨설팅을 진행했는데, 그 방법론이나 기간, 비용은 각각 달랐다.

- A 컨설턴트: 컨설팅 커리큘럼 만들기를 중심으로 한 컨설팅
- B 컨설턴트: 잠재 고객을 모으는 등 주로 고객 모집이나 영업에 중점을 둔 컨설팅
- C 컨설턴트: 컨설턴트의 웹 전략을 알려주는 동시에 홈페이지 등의 성과물 완성까지 세트로 기획한 컨설팅

이때 터득한 노하우가 이후에 도움이 된 것은 당연했고, 무엇보다 컨설턴트로서의 '이상적인 자세'에 대해 아주 가까이에서 지켜볼 수 있었는데, 이때 배운 것들은 지금도 나의 가장 큰 재산이다.

'면담 진행 방식 등 고객과 어떻게 접촉하는가?', '계약의 시작

과 끝은 어떻게 진행하는가?', '컨설팅 비용은 어느 정도가 적당한가?' 이런 디테일한 부분들도 배울 수 있었다.

이때의 경험은 나중에 실제로 컨설턴트로 활동하면서 내게 아주 많은 도움이 되었다. '어떤 서비스를 신청할 때나 서비스를 제공받을 때 고객으로서 자신이 느낀 점은 무엇인가?' 그것을 알면 고객이 무엇을 원하는지를 알 수 있게 되기 때문이다. 이런 경험을 통해 '자신이 구매해 본 적 없는 물건은 남에게 팔기도 어렵다'는 사실을 확신하게 되었다.

고객 확보는 이렇게

'컨설팅업의 컨설턴트'들이 하나같이 입을 모아 '고객을 확보하려면 세미나를 개최해야 한다'고 조언했기 때문에 인생 최초로 세미나를 개최해 보기로 했다.

지금은 일상 업무가 되었지만 당시까지만 해도 세미나와 강연회 등을 개최해 본 적이 한 번도 없었다. 그래서 먼저 여기저기에서 개최하고 있는 세미나에 참석해 보기로 했다. '자신이 구매해 본 적 없는 물건은 남에게 팔기도 어렵다'는 교훈을 되새기면서 말이다.

유명 비즈니스 잡지에서 개최하는 300명 규모의 세미나부터 10여 명 정도 참여하는 소규모 세미나까지 시간이 허락하는 한

닥치는 대로 참석했다. 이런 과정을 거치다 보니 세미나라는 것에 대해 어렴풋이나마 이해할 수 있을 것 같았다.

그러나 내가 직접 개최하는 세미나의 이미지는 도무지 떠오르지 않았다. 그래서 또다시 전문가의 힘을 빌리기로 했다. 세미나 강사로 활약하는 방법을 알려주는 강좌를 듣거나 컨설팅을 의뢰해 노하우를 전수받는 동시에 세미나를 꼭 개최해야 하는 상황을 만들었다. 이미 여기에 적지 않게 투자했기 때문에 중간에 포기할 수도 없는 노릇이었다.

그렇게 배운 대로 준비하고 홍보를 한 결과 내 인생 첫 세미나에는 20여 명의 사람들이 참가 신청을 했다. 수강료는 인당 2,000엔(약 2만 1,000원)으로, 총매출액은 6만 엔(약 64만 원)이었다. 장소 대여료와 판촉비를 빼고 나니 1만 엔(약 11만 원) 정도가 남았는데, 원재료비 안 들이고 몸 하나만으로 1만 엔의 이익을 얻었다는 사실에 조금 흥분했던 기억이 난다. 또 '이 세미나를 수강하는 사람이 내게 컨설팅을 요청해 준다면 어떨까?' 하는 생각에 가슴 설렜던 기억도 난다.

끝나고 수강자들로부터 '정말 좋았습니다'라는 평가를 받았을 때는 진짜 기분이 좋았다. 그러나 유감스럽게도 그 후 컨설팅을 신청한 사람은 아무도 없었다.

그때는 왜 컨설팅 신청자가 한 명도 없는지에 대해 제대로 파악하지 못하고 그저 '그럴 수도 있지'라고 생각했다. 그리고 세미나로 1만 엔(약 11만 원)의 이익이 생겼다는 사실에 기분이 좋아져서 두 번째 세미나를 열심히 기획하고 준비했다.

두 번째 세미나는 수강자가 10여 명 정도로, 적자였다. 열심히 준비해서 개최했고, 끝난 후 설문조사에서도 만족스러운 평가가 나왔지만, 그때도 컨설팅 신청자는 없었다.

초조해진 나는 바로 세 번째 세미나를 기획했다. 부지런히 준비해서 홍보했는데, 이번에는 신청자가 단 한 명도 없었다. 여기서 의욕이 완전히 꺾이고 말았다.

다시 한번 말하지만 그때 배운 세미나 개최 노하우는 '진짜'였다. 준비 과정, 주변에 알리는 방법, 진행 방법, 설문조사 방법 등 전부 다 잘 진행됐다. 그러나 나는 세미나를 통해 컨설팅 계약을 이끌어내는 방법을 몰랐다. 그래서 이런 결과를 불러왔고 세미나를 개최하는 데 지쳐 버렸다.

고객이 찾는 1인 기업은?

좌절한 나는 다음 세미나를 기획할 의욕을 완전히 상실하고 말았다. 그러던 어느 날 사무실로 팩스가 한 장 날아왔다. 상공회의소에서 주최하는 세미나 안내문이었다. 그때 깨달았다. '꼭 내가 직접 기획하고 홍보하고 고객 모집까지 하지 않아도 세미나를 개최할 방법이 있구나!'

상공회의소에서 주최하는 세미나에 강연자로 설 수 있다면 뼈가 부서질 정도로 직접 뛰지 않아도 고객 모집을 할 수 있겠구나 싶었다. 게다가 강연료로 매출까지 올릴 수 있다.

한껏 고무되어 상공회의소에서 '불러주는 강사'가 되려면 어떻게 해야 하는지 조사하기 시작했다. 인터넷에서 찾아보니 '불러주는 강사'가 되는 방법에 대해 컨설팅하는 사람들이 있다는 사실을 알게 되었고, 그 즉시 컨설턴트에게 도움을 요청했다.

세상에는 상공회의소나 ○○법인회 등 경제단체가 무척 많다. 그런 곳에서는 정기적으로 강사를 초대해 강연회나 세미나를 개최한다. 컨설팅을 통해 그런 단체들이 강사를 어떤 경로로, 어떤 시기에 찾는지, 강사는 어떤 기준으로 선택하는지, 강연과 세미나의 차이는 무엇인지 등의 지식을 익혔다.

책을 출판한 저자는 강연자로서 더 유리하다는 정보를 입수하고 책 집필에도 도전했다. 첫 책을 출판한 것도 이때쯤이다.

또 강사 소개 서비스를 전문으로 하는 강사 에이전시에 강연자로 등록했다. 그리고 몇 개월 후 처음으로 상공회의소에서 강연을 할 수 있었다. 처음으로 강연 의뢰가 들어왔을 때 느꼈던 감동은 지금도 기억에 뚜렷하게 남아 있다.

첫 강연의 강연료는 교통비 별도로 3만 엔(약 32만 원)이었다. 컨설턴트가 되기 위한 컨설팅을 받고 각종 세미나를 찾아다니며 시간과 비용을 지불하기는 했지만, 원재료비와 재고도 없이 2시간 만에 3만 엔이라는 매출을 올린 것이다. 강연료가 선입금되지는 않았지만 '이거야말로 1인 기업이 하기에 적합한 비즈니스구나' 싶었다. 이후 어떻게 하면 좀 더 많은 강연 주최자들이 나를 불러주게 할 수 있을지를 날마다 연구했다.

강력한 상품을 만들기 위해
놓쳐서는 안 될 질문

'불러주는 강사'로 활약할 기회를 늘리기 위해 나는 온갖 방법을 동원했고, 그런 만큼 날마다 시행착오를 거듭했다. 오랫동안 꾸준히 활동하고 있는 강사들과 한때 화려했지만 일순간 모습을 감춘 강사들을 꼼꼼하게 비교해 보기도 했다. 또 강연 주최자들은 어떤 주제의 어떤 강사들을 찾는지도 조사했다. 그 결과 내가 알아낸 것은 두 가지다.

하나는 '보편적인 주제를 선호한다'는 것이다. 한때 유행하는 도구나 사회적 시류에 맞춘 주제의 강의는 유행이 바뀌면 더 이상 찾는 사람이 없게 된다. 새로운 도구의 출현으로 그 도구가 쓸모없게 되기도 하고, 사회적 시류가 바뀌면 강연에 대한 요구도

가성비 좋은 1인 기업 사장으로 산다는 것

식는 것이다. 이럴 때 한 분야에 너무 특화되어 이미지가 한쪽으로 쏠린 강사는 활약할 기회를 잃을 수 있다. 따라서 다루는 주제는 보편적이어야 한다. 그래서 내 경험을 하나하나 분석한 뒤 '단골 창출'이라는 보편적인 주제로 강연 콘텐츠를 만들었다.

또 한 가지는 '강연은 반드시 즐거워야 한다'는 점이다. 강의라는 것은 대부분 각 분야에 대한 노하우를 보유한 강사들이 하기 때문에 그것이 '유용한 콘텐츠'일 거라는 건 모두가 믿어 의심치 않을 것이다. 그러나 강연회 주최자가 바라는 것은 '유용한 콘텐츠'만이 아니다. 유용하기만 하면 된다면 책이나 인터넷으로도 충분히 정보를 얻을 수 있을 것이다. 수강자를 모집해서 강연회를 개최하는 주최자는 유용한 콘텐츠와 함께 '참석하길 잘했다'라는 만족감을 수강자가 얻어가길 바란다.

이렇게 강의에 대한 만족도가 높았던 수강자들은 다음 이벤트에 대한 기대감도 높을 것이다. 그러면 주최 측에서는 다음에 진행할 이벤트에 참가할 사람도 늘어나리라 기대하게 된다. 따라서 주최 측에서는 당연히 유용함과 함께 만족감을 주는 강연자를 찾을 것이다.

그래서 수강자가 '참석하길 잘했다'고 느끼게 하려면 어떻게 해야 하는지를 연구했다. 결론부터 말하자면 '이해하기 쉬웠다'고 느끼게 하면 된다. 사람들은 궁금했던 것, 필요했던 것, 머릿

1인 기업을 한다는 것

속에 어렴풋이 떠올랐던 것을 명확하게 정리하도록 도와주면 '이해가 됐다', '즐거웠다', '참석하길 잘했다'고 느끼게 된다.

강연회나 세미나가 진행되는 동안 수강자들은 글로 접할 때와 달리 도중에 이해하지 못하는 것이 있더라도 모르는 부분으로 되돌아가 확인할 수가 없다. 그러므로 수강자가 쉽게 이해할 수 있도록 사용하는 단어나 구성 등에 최대한 신경 써야 한다.

그 밖에도 사례를 들어 설명하는 방법이나 콘텐츠의 밀도를 높이는 방법, 추상적인 개념을 언어화하는 방법 등에 대해 연구를 거듭했다. 그 결과 강연 의뢰 건수가 깜짝 놀랄 만큼 늘었다.

'당신이 취급하는 상품은 보편적인 것인가?'

'고객은 당신의 상품 자체만 원하는 것이 아니라 부수적인 감정을 최대화하고 싶어 한다는 사실을 이해하고 그 부가가치를 확실히 제공하는가?'

이는 강력한 상품을 만들기 위해 1인 기업이 절대 놓쳐서는 안 될 질문이다.

좋은 상품보다
팔리는 상품을 만드는 법

상품력은 필요조건이지만 충분조건은 아니다. 즉, 좋은 상품이 고객의 선택을 받지만, 상품이 좋다고 해서 꼭 잘 팔리는 것은 아니다. 그래서 이번에는 판매 방법에 대해 궁리했다.

한때 나는 강사 에이전시에 모든 영업을 맡겼었다. 이렇게 하면 내가 직접 뛰지 않고도 홍보와 모객을 할 수 있다는 장점이 있다. 그런데 어쨌거나 에이전시 담당자가 강연 주최자에게 나를 추천하고자 하는 마음을 먹어야 강사로서 활약할 기회를 얻을 수 있다. 자칫하면 강사 에이전시에 등록된 수많은 강사들 사이에서 치일 수도 있는 것이다.

에이전시 담당자에게 선택받기 위해 강연료 등을 낮추는 강사도 있는데, 이는 오히려 역효과를 낼 수 있다. 어떤 비즈니스에서 나 마찬가지지만, 선택받고 싶어서 가격을 낮추게 되면 이익을 확실히 낼 기회가 결코 찾아오지 않는다.

당시 에이전시에 등록된 강사들은 대부분 자신의 프로필이나 강의 주제만 등록한 경우가 많았다. 그래서 에이전시가 강연 주최자에게 영업하기 위해서는 일일이 해당 강사의 자료를 따로 만들어야 했다. 그게 얼마나 귀찮은 일일까 싶었던 나는 강의 자료를 직접 만들었다. 내 강의에 대해 쉽게 안내할 수 있도록 포트폴리오를 만들고 기획안을 여러 버전으로 준비했으며, 판촉용으로 사용하라고 내 책을 선물하기도 했다. 에이전시가 나에 대해 영업할 때 내가 준 그대로 쓸 수 있게 자료를 제공한 것이다.

또 강연 주최 측에서 내 강연회나 세미나를 홍보할 때 사용할 전단지도 만들어서 에이전시에 전달했다. 이렇게 하면 최소 내 강의를 영업하고 홍보하기 위한 에이전시와 강연 주최 측의 수고를 덜어줄 수 있다.

강연 내용도 물론 중요하지만, 강연이 채택되려면 팔기 쉽게 해 주는 것도 중요하다. 이렇게 철저히 분석하고 준비한 결과 강연 활동을 시작한 지 몇 년 되지 않아 연간 300회 이상의 강연 요청이 들어왔다. 안타깝게도 스케줄상 모든 제안에 다 응할 수는 없었지만, '불러주는 강사'가 되는 데는 성공했다.

매출이 호황일 때
꼭 빠뜨리는 것

적절한 상품을 만들고 고객이 쉽게 구매할 수 있게 한 덕분에 나는 연간 200회 이상의 강연을 했다. 컨설팅은 거의 할 수 없는 지경이 되었지만 날마다 전국을 돌아다니며 강연회를 하는 생활에 보람과 만족감을 느꼈다.

다른 사람들에게 도움을 주면서 교통비 등의 경비도 지원받고 강연료까지 받을 수 있다니, 이보다 더 멋진 일이 있을까 싶은 생각도 들었다.

그러던 어느 날 문득 불안한 마음이 들었다.

'지금은 고맙게도 나를 찾아주는 곳이 많지만, 앞으로 이런 상황이 얼마나 지속될까? 더 훌륭한 강사가 나타날 수도 있고, 내

게 질릴 수도 있고…. 안 되겠어.'

이런 생각 끝에 사업의 구조를 '강연' 한 가지에서 '강연'과 '컨설팅' 두 가지로 재구축하기로 했다.

그런데 문제가 있었다. 주최 측이 따로 있는 강연회에서는 컨설팅에 대해 노골적으로 영업을 할 수가 없었다. 또 강연회에 참석하는 사람들과 강연 이후 관계를 이어가기가 쉽지 않았다. 강연회가 끝난 후 컨설팅을 의뢰하는 사람도 거의 없었고, 컨설팅을 제안할 기회도 없었다.

이때 시작한 것이 메일 매거진 발행이었다. 강연회에서 노골적으로 안내할 수는 없었지만 강의 요약본 한쪽 귀퉁이를 이용하거나 강연회 도중 주제를 전환하는 짧은 틈을 이용해 메일 매거진을 발행하는 취지를 알렸다. 또 강연회에서 명함을 교환한 사람들에게 감사 메일을 보내면서 그 문장 끝에 메일 매거진을 발행하고 있다는 사실을 자연스럽게 안내했다. 강연을 할 때마다 지속적으로 안내했더니 적을 때는 손으로 꼽을 정도로, 많을 때는 십여 명씩 구독자가 꾸준히 늘었다.

그 사람들에게 메일 매거진을 통해 하루도 쉬지 않고 유용한 정보를 전달했다. 그렇게 5년의 시간이 흐르는 동안 구독자 수는 4,000명 정도로 늘었고, 계획대로 강연회와 컨설팅을 병행하는 사업 구조를 만들 수 있었다.

내가 메일 매거진을 발행한 것은 강연으로 전성기를 누리던 시절이었다. 지금 돌이켜 봐도 이때 새로운 돌파구를 모색하길 참 잘했다고 생각한다.

뻔한 가격 책정 말고,
어떻게 해야 효과적일까?

바람대로 나는 전국적으로 '불러주는 강사'가 되었지만 찾아주는 곳이 많으면 많을수록 불안했다. 그래서 강사로서의 수명이 다할 때를 대비해 컨설턴트로서의 업무를 더 늘리기 위해 부득이하게 강사 업무를 줄였다.

그러면서 '가격 인상' 전략을 썼다. 강연료를 단번에 두 배 가까이 올린 것이다. 강연 의뢰가 아예 안 들어오는 건 아닐까 싶어 내심 불안했지만, 가격을 인상한 결과 딱 내가 목표로 한 만큼의 강연 요청이 들어와 기존만큼의 수입을 유지할 수 있었다.

또 하나 놀라운 일이 있었다. 강연의 성격이 달라진 것이다. 그 전까지는 경제 단체에서 주최하는 30~50명 규모의 세미나에서

가성비 좋은 1인 기업 사장으로 산다는 것

강연할 기회가 많았다면, 강연료를 두 배로 인상한 후에는 같은 경제 단체라도 연간 기념행사 같은 100명 이상 참석하는 강연회나 전국에 지사를 두고 있는 기업의 대규모 행사에 초대되는 경우가 많았다.

이때 크게 깨달은 것이 있다. 강사 업무처럼 스펙을 수치로 평가할 수 없는 상품의 경우에는 가격도 그 상품의 질을 나타내는 요소가 될 수 있다는 사실 말이다. 즉, 가격이 비싼 상품에 대해서 사람들은 그만큼 값어치가 있을 것이라고 생각하는 것이다. 이때 그 가격에 어울리는 가치를 제공해야 하는 것은 물론이다.

그 후로 계속 가격을 조금씩 올렸고, 지금은 처음 강연을 시작했던 8년 전과 비교해 몇 배 이상 올린 강연료를 제시하고 있고, 상장 기업을 비롯해 유명 기업들과 거래할 수 있게 되었다.

다른 사업을 할 때도 처음에 책정했던 가격으로 열심히 활동하다가 고객이 늘어나면 가격을 인상하고 있다. 그 과정에서 남은 고객도 있고 떠난 고객도 있지만, 떠난 고객의 빈자리는 인상된 가격을 수용하는 새로운 고객으로 채워진다.

나는 이런 과정을 반복하면서 조금씩 성장해 왔다. 매출뿐 아니라 비즈니스도 계속 진화·성장하고 있으며, 가격을 인상하는 만큼 고객의 만족도를 높여 주기 위해 상품과 서비스 자체의 질을 높이려고 계속 노력하고 있다.

고가의 상품도
사고 싶게 만드는 전략이란

설날이나 추석에도 쉬지 않고 메일 매거진을 계속 발행하는 동시에 메일 매거진 내용을 발췌해 블로그 기사로 사용하기도 하며 나는 날마다 꾸준히 정보를 업데이트했다. 그 효과를 느낀 것은 메일 매거진 발행을 시작한 지 1년쯤 지나고부터였다.

'○○에서 강연회에 참석한 사람입니다. 제가 운영하고 있는 모임에서 강연을 의뢰하고 싶습니다.'

이런 제안이 조금씩 들어오기 시작했다. 내 강연회에 참석한 후 메일 매거진을 구독하는 사람들이 대부분이었다. 그것을 시작으로 지금도 메일 매거진을 구독하는 사람들이 강연 의뢰를 하는 경우가 꽤 많다.

메일 매거진의 효과를 실감한 이후로 메일 매거진을 좀 더 활용해 보기로 했다. 강연 이외에 또 하나의 중심 사업으로 성장시키고 싶은 컨설팅을 메일 매거진을 통해 판매하기로 한 것이다.

처음 판매한 상품은 6개월에 78만 엔(약 830만 원) 하는 컨설팅이었다. 의기양양하게 시작했지만, 반응이 전혀 없었다.

지금 생각해 보면 무모한 행동이었다. 강연을 한 번 수강했고 그 강연에 만족했다고 해도, 날마다 발송되는 메일 매거진을 통해 조금 친근감을 느꼈다고 해도 누가 78만 엔짜리 컨설팅을 선뜻 신청하겠는가!

그래서 블로그에 컨설팅 주제와 관련된 정보(축적 목적의 정보 전달)를 꾸준히 올리는 동시에 컨설팅에 대한 사전 설명을 겸한 세미나를 개최하고, 메일 매거진을 이용해 안내하는 방식으로 작전을 변경했다. 이와 관련된 세미나를 홍보할 때는 '설명회를 겸한 세미나'라고 명시해 세미나에 컨설팅에 대한 설명이 포함돼 있다는 사실을 사전에 알렸다. 그즈음 내 강연회는 처음보다 몇 배 이상 인상된 상태였지만, 설명회를 겸하는 경우에는 수강료를 대폭 낮추고 내용은 더욱 알차게 준비했다.

그러자 컨설팅에 대해 검토하고자 하는 고객들이 세미나에 참가 신청을 했고, 이들 중 30퍼센트 정도가 컨설팅을 의뢰했다.

어떤 상품에 흥미가 있더라도 그 상품이 너무 고가일 경우에는 선뜻 구매하기 어려운 것이 사람의 심리다. 그래서 이런 고객의 심리를 이해하고 컨설팅 입문을 위한 세미나를 준비해 중심 상품인 컨설팅에 대해 조금이라도 경험할 수 있게 했다. 그러자 거기서 확신을 얻은 고객들이 컨설팅을 의뢰하기 시작한 것이다.

가성비 좋은 1인 기업 사장으로 산다는 것

사장이 없어도
돈이 벌리는 구조를 완성하는 법

연간 100건 정도의 강연을 하고, 강연회에서 만난 사람들과 메일 매거진이나 블로그로 완만하게 관계를 유지한다. 그리고 1년에 몇 차례 세미나를 직접 주최하고 이를 메일 매거진이나 블로그로 알린다. 이 세미나에는 예전에 강연을 들었던 사람들이 참가하고, 여기서 흥미를 느낀 사람은 컨설팅을 의뢰한다.

이렇게 비즈니스도, 1인 기업 사장으로서의 나의 삶도 자리를 잡아가는 듯했지만, 사실 여기에는 한 가지 맹점이 있었다.

그것은 이 비즈니스가 완전히 노동 집약형이라는 점이었다. 즉 내가 움직여야만 매출이 오르는 비즈니스모델인 것이다. 이 말은 즉, 내가 병에 걸리거나 다쳐서 움직이지 못하게 되면 더 이

1인 기업을 한다는 것

상 유지하기 어려운 비즈니스모델이라는 뜻이다.

따라서 내가 직접 움직이지 않아도 매출이 오르는 구조를 만들어야겠다는 생각이 들었다. 이럴 때 대부분의 사람들은 조직을 만들고 자신이 없어도 활동할 수 있는 시스템을 구축하려고 한다. 어쩌면 당연한 발상일 것이다. 그러나 앞에서 말했듯이 나는 조직형 리더로서는 어울리지 않는 사람이라서 '조직화하지 않고 노동 집약형 비즈니스모델에서 벗어날 방법'을 필사적으로 궁리했다.

그 결과 먼저 '상품(물건)'을 개발하기로 했다. 강연이나 세미나, 컨설팅은 내 몸을 필요로 하지만 상품은 내 몸을 필요로 하지 않기 때문이다. 그래서 세미나를 음원 파일로 만들어 판매하는 사업을 시작했다.

인터넷의 발달로 쇼핑몰 업체와 계약을 맺고 녹음 파일을 업로드하기만 하면 업체에서 결제 대행이나 다운로드 관리 등 모든 것을 처리해 준다. 녹음 파일을 편집하는 것만으로 매우 쉽게, 수고를 들이지 않고 상품을 만들 수 있다. 판매 관리까지 다 맡기기 때문에 나는 메일 매거진 등으로 알리기만 하면 된다. 수주 관리를 하거나 포장하고 발송하는 데 몸을 쓰지 않고도 매출을 만들 수 있게 된 것이다.

이렇게 해서 나는 강연, 컨설팅이라는 노동 집약형 비즈니스에서 놓여나는 구조를 만들었다.

1인 기업이 진짜로
팔아야 할 것은 무엇일까?

지금까지 소개했듯이 나는 컨설턴트로서 깃발을 내걸었지만 처음에는 좌절도 많이 했다. 그래서 강연이라는 업에 대해 연구했고, 그 결과 어느 정도의 성과를 거두었다. 이후 블로그, 메일 매거진 등을 통해 사람들과 소통하고, 직접 설명회와 세미나를 개최하며 컨설팅 계약으로 연결되게 했다. 또 그 세미나 음원 파일을 상품화해 노동 집약형 비즈니스의 비중을 줄여 왔다.

최근 몇 년간 이런 나의 경험과 노하우를 배우고 싶다는 사람들을 만날 기회가 늘고 있다. 컨설턴트로서 홀로서기 하고 싶지만 어디서부터 시작해야 할지 모르겠다는 사람, 강사로 활약하고 있지만 장래가 불안하다는 사람, 상품 판매를 목적으로 세미나를 개최하고 있지만 계약으로 연결되지 않는다는 사람….

그래서 강사 비즈니스에 종사하는 사람들을 위한 강좌와 각종 지원 서비스를 제공하는 사업을 시작했다. 내가 경험하고 터득한 노하우를 전수하는 6개월짜리 강좌를 개설하는 한편, 강연회와 컨설팅 상품 개발을 돕고 있다. 이 회사 역시 노동 집약형 비즈니스와 비노동 집약형 비즈니스가 균형을 이루는 구조로, 1인 기업으로 경영하고 있다.

그렇다고 꼭 강연회, 컨설팅으로 그 영역을 제한할 필요는 없다. 자신이 필사적으로 발버둥 치고, 그 경험을 통해 무언가를 얻었다면 그 경험 자체가 상품이 될 수 있다. 그 지식과 경험을 바탕으로 한 상품은 앞에서 말한 '1인 기업의 다섯 가지 상품 개발 포인트', 즉 '원재료 매입이나 재고가 필요 없는 비즈니스', '고액의 초기 투자 비용이 필요 없는 비즈니스', '높은 이익률', '지금까지의 경험을 살릴 수 있는 비즈니스', '대금을 선금으로 받을 수 있는 비즈니스'라는 조건을 모두 충족하기 때문에 1인 기업에게는 가장 적합하다고 할 수 있다.

따라서 망설이지 말고 자신의 경험과 노하우를 살릴 수 있는 분야에서 비즈니스의 가능성을 찾길 바란다.

1인 기업, 이제 당신 차례다

나는 지금까지 직접 경험한 일과 그 경험을 통해 얻은 지식, 파트너와의 관계 등을 이용해, 다시 1인 기업 두 곳을 더 만들 계획을 세우고 있다.

내가 직접 컨설팅하거나 강연, 세미나를 주관하는 컨설팅 회사는 본업으로 평생 경영하게 되겠지만, 새로 만드는 회사는 '나'라는 개인에게 의존하는 일이 없을 것이다. 1인 기업이라도 확실한 비즈니스모델을 구축해서 매출과 이익을 확보할 수 있게 되면 누군가에게 양도하거나 다른 사람을 사장으로 영입해 맡기고 나는 경영 일선에서 물러나는 것이 앞으로의 계획이다. 하지만 그 후에 또 다른 '1인 기업'을 세우고 있지 않을까 싶다.

이런 식으로 1인 기업을 꾸준히 하는 사장이 되고 싶다. 이렇게 조직을 꾸리지 않고 노동 집약형 비즈니스와 비노동 집약형 비즈니스를 두루 유지하면서 일석다조의 비즈니스모델을 실현해 가는 것이 내가 평생 하고 싶은 일이다. 이런 바람은 내가 1인 기업 사장이기에 가질 수 있는 것이다.

나는 당신이 계속하고 싶은 일을 1인 기업을 하며 실현할 수 있도록 돕고자 이 책을 썼다. 당신의 꿈이 실현되는 데 나의 노력이 조금이라도 도움이 되길 바란다.

옮긴이 박재영

서경대학교 일어학과를 졸업했다. 출판, 번역 분야에 종사한 외할아버지 덕분에 어릴 때부터 자연스럽게 책을 접하며 동양권 언어에 관심을 가졌다. 번역을 통해 새로운 지식을 알아가는 데 재미를 느껴 번역가의 길로 들어서게 되었다. 분야를 가리지 않는 강한 호기심으로 다양한 장르의 책을 번역, 소개하고자 힘쓰고 있다. 현재 번역 에이전시 엔터스코리아의 출판 기획자 및 일본어 전문 번역가로 활동하고 있다.

옮긴 책으로는 《중국발 세계 경제 위기가 시작됐다》《성공한 사람들은 왜 격무에도 스트레스가 없을까》《경제학에서 건져 올리는 부의 기회》《YES를 이끌어내는 심리술》《도해 바보라도 연봉 1억을 받을 수 있다》《순식간에 호감도를 높이는 대화 기술》《인생은 잇셀프》《인생은 지금부터 시작》《부자의 사고 빈자의 사고》《덴마크 사람은 왜 첫 월급으로 의자를 살까》 등이 있다.

1인 기업을 한다는 것

초판 1쇄 발행 2020년 6월 4일
초판 2쇄 발행 2020년 6월 5일

지은이 이치엔 가쓰히코
펴낸이 정덕식, 김재현
펴낸곳 (주)센시오

출판등록 2009년 10월 14일 제300-2009-126호
주소 서울특별시 마포구 성암로 189, 1711호
전화 02-734-0981
팩스 02-333-0081
메일 sensio0981@gmail.com

책임편집 고정란
편집 이미순
경영지원 김미라
홍보마케팅 이종문, 한동우
본문디자인 윤미정
표지디자인 유채민

ISBN 979-11-90356-55-8 03320

이 도서의 국립중앙도서관 출판예정도서목록(CIP)은 서지정보유통지원시스템 홈페이지(http://seoji.nl.go.kr)와
국가자료공동목록시스템(http://www.nl.go.kr/kolisnet)에서 이용하실 수 있습니다. (CIP제어번호 : CIP2020015349)

잘못된 책은 구입하신 곳에서 바꾸어드립니다.